中国本土哲学的梳理和发展

朱杨曹 ◎ 著

知识产权出版社
全国百佳图书出版单位
—北京—

图书在版编目（CIP）数据

中国本土哲学的梳理和发展/朱杨曹著. —北京：知识产权出版社，2022.1
ISBN 978-7-5130-7870-2

Ⅰ.①中… Ⅱ.①朱… Ⅲ.①哲学思想—研究—中国 Ⅳ.①B2

中国版本图书馆 CIP 数据核字（2021）第 235891 号

责任编辑：韩婷婷 **责任校对**：谷 洋
封面设计：臧 磊 **责任印制**：孙婷婷

中国本土哲学的梳理和发展

朱杨曹 著

出版发行：	知识产权出版社有限责任公司	**网　　址**：	http://www.ipph.cn
社　　址：	北京市海淀区气象路 50 号院	**邮　　编**：	100081
责编电话：	010-82000860 转 8359	**责编邮箱**：	176245578@qq.com
发行电话：	010-82000860 转 8101/8102	**发行传真**：	010-82000893/82005070/82000270
印　　刷：	北京九州迅驰传媒文化有限公司	**经　　销**：	各大网上书店、新华书店及相关专业书店
开　　本：	720mm×1000mm 1/16	**印　　张**：	10
版　　次：	2022 年 1 月第 1 版	**印　　次**：	2022 年 1 月第 1 次印刷
字　　数：	156 千字	**定　　价**：	56.00 元

ISBN 978-7-5130-7870-2

哲学是文化之根　人学是文化之干

谨以本书纪念伏羲、周文王父子、老子、孔子、墨子、庄子、范缜、周敦颐、邵雍、张载、朱熹等中华哲学先祖

继往圣之绝学　开未来之新说

绪　言

在地理大隔绝条件下，古中国和古希腊各自独立地创造了自己的哲学。中国哲学曾被戈特弗里德·威廉·莱布尼茨等西方哲学家所推崇，但自黑格尔贬低中国哲学后，西方冒出了“中国只有思想，没有哲学”的怪论。自此，世界哲学论坛上鲜有中国哲学的声音。19 世纪的黑格尔在西方两千多年文化积累的基础上对西方哲学进行梳理，并很可能参照了中国哲学，拓展了辩证法，且以三大规律构建了辩证法体系。经过梳理和拓展后的辩证法当然是古希腊哲学和古中国哲学所不能比拟的。在黑格尔辩证法面前，中国哲学变得灰头土脸，连中国自己的哲学家都感到自惭形秽，只能关起门来胆怯地说，中国哲学是朴素的辩证法，是辩证法的萌芽。经过马克思的努力，更为科学的唯物辩证法诞生了。

哲学的源头有两个，西方有西方的哲学，中国有中国的哲学。西方哲学经过黑格尔的梳理和拓展，取得了丰富的成果。我们为什么不向黑格尔学习，去梳理和拓展中国哲学呢？那可是中国最重要的传统文化，因为哲学是文化之根。梳理和拓展中国哲学并不是要否定西方哲学，而是要让人们看看，经过整理和拓展后的中国哲学究竟是什么样的哲学，中西方哲学各有哪些特点，各有哪些长处和短处。西方哲学的长处我们要虚心学习，若发现了西方哲学的短处，我们则要避免。

伏羲创立了《八卦》，中国从此有了阴和阳的观点。周文王在《八卦》

基础上创立了《易经》，从而创立了阴阳学说。老子说“万物负阴而抱阳”，从而建立了伏羲宇宙阴阳模型。中国古代学者就以这个模型为基础创立了各种实践的学说，其中最著名的有《黄帝内经》《孙子兵法》《论语》《墨子》《韩非子》等，阴阳关系就成为阴阳哲学及在此哲学基础上发展的中国文化的符号和工具。伏羲宇宙阴阳模型是中国文化创立的开端，也是人类最早的哲学开端。

哲学权威 C. G 捷恩指出：“谈到世界人类的智慧宝典，首推中国的《易经》。”本书以《易经》和《道德经》为基本经典，经过艰难的努力，用中国哲学自己的词语、概念、逻辑发掘出伏羲宇宙阴阳模型，总结出十大阴阳规律，等等。

伏羲宇宙阴阳模型，既是一种世界观，又是一种方法论。既然“万物负阴而抱阳”，那么认识任何事物，就必须首先辨析出它的阴子和阳子，然后根据阴阳规律分析阴子与阳子的各种关系，从而准确地把握事物。这种思维方法称为阴阳辨析。本书制定了详细的辨析规则。

梳理、拓展后的中国哲学（简称阴阳论），就有了与西方哲学对比、对话的资格。

古希腊哲学家用对立面的眼光观察一切，提出了对立面学说，中国哲学家用阴阳的眼光观察一切，提出了阴阳学说。黑格尔将对立面学说拓展为对立统一规律，我们有阴阳既相反相成又相辅相成的阴阳反成合一律。对立统一规律被苏联哲学家称为宇宙根本规律，我们有“万物负阴而抱阳”的伏羲宇宙阴阳模型。黑格尔有量变质变规律，我们有渐化顿变阴阳律。黑格尔有否定之否定规律，我们有物极必反阴阳律。须知，这些阴阳律的提出要远远早于黑格尔，只是之前我们没有梳理出来而已。西方有辩证法，我们有阴阳辨析。初看上去，阴阳辨析与辩证法非常相似，但其实有极大的差别。我们还有一系列极其重要的阴阳律，西方没有与之对应的规律或思想。例如，优势爻子主导律是最重要的阴阳律之一，它可以找到事物的本质、主导力量和事物的运动方向。我们还有有无相生律、阴阳位序结构律、新生事物发生律等，这些都是西方哲学中所没有的规律。

中西方哲学还有一个极其重要的差别在概念的定义方面。将阴阳辨析用于概念的定义，由于兼顾了阴阳两个方面，避免了片面性，因为阴阳关系是非线性关系。而西方哲学用线性思维给概念下定义，必然导致片面性。西方至今都无法给民主、自由、人权、美、丑等概念以明确的定义。当今，西方在世界政治中动不动就冒出一个新概念，给对手扣上“黑帽子”，进行无耻的打压。今后，我们可以用没有片面性的辨析定义粉碎西方某些政客的这些惯用伎俩。

本书是中国历史上系统整理和拓展中国哲学的初次尝试，缺漏，甚至错误在所难免。欢迎全世界哲学家，尤其是中国哲学家提出批评，将中国哲学梳理、拓展得更全面、更精深一些。本书乃抛砖引玉之作。但愿能为中华文化复兴作绵薄贡献。

朱杨曹

2019 年 6 月

目 录

■ 第一章　易道阴阳论的基本内容 …………………………………… 001
第一节　伏羲宇宙模型 / 001
第二节　阴阳概念及阴阳关系的性质 / 006
一、阴阳概念的定义 / 006
二、阴阳关系的基本性质 / 008
第三节　易道宇宙观 / 013
第四节　道常无为而无不为论 / 015

■ 第二章　阴阳规律 …………………………………………………… 018
第一节　存在性阴阳律 / 019
一、万物负阴抱阳律 / 019
二、有无相生律 / 020
三、阴阳反成合一律 / 021
四、新弱胜旧强阴阳律 / 023
五、阴阳位序结构律 / 024
第二节　变化性阴阳律 / 036
一、易之不易律 / 037
二、同性爻子争偶律 / 037

三、新生事物发生律 / 037
四、优势配子主导律 / 042
五、渐化顿变阴阳律 / 045
六、易极状态律 / 046
七、刚柔策略 / 049

■ 第三章　阴阳辨析 …… 051
第一节　阴阳下分辨析法 / 052
一、阴阳下分辨析规则及公式 / 052
二、阴阳层析法 / 055
三、阴阳下分辨析与形式逻辑划分的异同及联系 / 056
第二节　阴阳上归辨析法 / 058
一、阴阳上归概念的由来及“合二而一”分析 / 058
二、阴阳上归辨析规则 / 060
三、阴阳上归公式 / 060
四、连续阴阳上归 / 061
第三节　辨析网络 / 067
第四节　阴阳配偶概念及其应用 / 068
第五节　辨析定义 / 069

■ 第四章　阴阳动力学方程探索 …… 078
第一节　易极动能方程 / 078
第二节　易极偶合力方程 / 080

■ 第五章　事实世界中的阴阳 …… 083
第一节　物理化学世界中的阴阳 / 083

一、原子中的阴阳 / 083
二、无机分子中的阴阳 / 084
第二节　生物中的阴阳 / 085
一、有机分子中的阴阳 / 085
二、生物化学中的阴阳 / 087
三、基因中的阴阳 / 088
四、动物中的阴阳 / 088
第三节　人类社会中的阴阳 / 090
一、人类个体中的阴阳 / 090
二、最小要域（家庭）中的阴阳 / 091
三、社会组织中的阴阳 / 092
四、最大要域（国家）中的阴阳 / 095
第四节　电子计算机中的阴阳 / 096

■ 第六章　语言中的阴阳 …………………………………………………… 097
第一节　中国哲学存在的问题 / 098
第二节　西方哲学存在的问题 / 098

■ 第七章　中西二元哲学的比较 ………………………………………… 103
第一节　中西思维工具的差异 / 103
第二节　中西二元哲学的差别 / 105
第三节　中西二元思维方法的透视 / 107
第四节　关于哲学发现的“规律” / 113
第五节　线性思维和非线性思维 / 114
一、西方线性思维大行其道 / 114
二、普及阴阳辨析法，开创社会科学新篇章 / 116

■ 第八章　用阴阳辨析攻克心理学世界难题 …………………………… 121

■ 第九章　用阴阳辨析匡正美学——建立秀学提纲 ……………………… 130

第一节　秀学概念的提出 / 130

第二节　秀学内涵 / 132

第三节　秀学外延 / 133

一、生存秀 / 134

二、悟客秀 / 140

■ 参考书目 ……………………………………………………………… 144

第一章 / chapter 1

易道阴阳论的基本内容

易道阴阳论的内容大体可以分为两大部分：议论和阴阳规律探索。议论也包括两部分，即认识和建议。认识部分是对宇宙、人类社会及国家、人类个体的存在机理的描述；建议是对人与自然关系的治理、人类社会及国家的治理，个人的（德性）修养等重要问题的治理建议。本书对“议论”部分只阐述极少的最重要部分，对“建议”部分完全未予梳理、阐述。本书的重点是阴阳规律探索及对各种阴阳关系的总结。但其前提是明确阴阳概念及阴阳关系的性质，这是理论基础。在对阴阳概念作出定义及对阴阳关系的性质进行梳理的基础上，发掘阴阳规律。它也分为两部分，一是对阴阳关系存在性质的总结，二是对阴阳变化规律的总结。作者将第一部分的研究称为存在性阴阳规律，将后一部分的研究称为变化性阴阳规律。在明确阴阳概念及性质、梳理出阴阳规律后，提出阴阳逻辑的概念。又根据伏羲宇宙模型和阴阳规律，发掘出中国式的思维工具。由于笔者的易道阴阳论学识极其浅薄，不但不能全面地、准确地整理和介绍，而且必定有错误和缺漏发生，希望读者予以批评、斧正和补充。

第一节　伏羲宇宙模型

中国哲学起初被称为易学。古体象形字“易”是由上“日”下“月”两个象形汉字重叠而构成的。“日”——太阳代表阳，“月”——月亮代表阴，因此，阴和阳就合称易。易字的本来含义是指变化、变动、运动、流动，这表达了万事万物都处于不断运动和变化之中的本质特征。这样“易”就既代表万物的运动变化的特征，又代表了万物的阴阳关系。可见，易学是概括日月天地之间事物的存在和变化的学说。中国哲学的最高研究成果是建立了宇宙模型。这个模型最初是伏羲提出的，故称其为伏羲宇宙阴阳模型。这个模型是伏羲初创、周文王父子和老子主创、孔子诠释而建立的。伏羲为什么要创立八卦呢？他一定认识到宇宙万物都是由性质相反又相互作用的两种元素所构成，并由这两种元素的相互作用推动事物的运动和发展，才发明了阴阳符号来代表这两种元素，并用阴阳符号创立了八卦，用八卦中的阴阳关系来模拟宇宙万物的存在和运动。阴阳符号的创立和阴阳关系的确立，就意味着伏羲宇宙模型的建立。

但初创的八卦没有文字说明，因为那时文字处于初创时期，还不能用来准确地表达思想和语言。文字发明成熟后，从公元前22世纪的夏朝开始，中国哲学家们开始用文字对八卦进行阐释，出现了夏朝的《连山易》、商朝的《归藏易》和周朝的《周易》[1]。但《连山易》和《归藏易》都遗失了，我们只能将姬昌写作的《周易》作为最原始的《易经》。商朝的诸侯姬昌（姬昌被称为周文王）在幽禁中对伏羲八卦（或参考了《连山易》和《归藏易》）中的各种阴阳关系用文字进行了全面的阐释，每一卦都写作了卦辞；俟后，其子周公又增写了爻辞。这样，《易经》就正式诞生了。《易经》的诞生，意味着阴阳学说的诞生，意味着中国哲学的诞生，也意味着人类最早的哲学的诞生。2500多年前老子写作了《道德经》，对夏朝以来的易学研究成果进行了全面的总结，建立了以道为本体的道的哲学体系，其中“万物负阴而抱阳”是最著名的论断。因为这一论断最经典地诠释了伏羲宇宙模型。所谓“万物”，在古人眼里就代表了宇宙。“万物负阴而抱阳”阐发了宇宙的阴阳普遍性，这实际上意味着阴阳关系就是宇宙中最普遍、最基本、最本质的关系，只是没有用“宇宙模型”一词来表达而已。比老子稍晚，孔子对《易经》又作了全面的阐述，著作了《易传》。《易经》与《易传》就合称《周易》。所以，从伏羲开始初创，到周文王父子、老子主创，到孔子注释，历经

[1] 关于《连山易》和《归藏易》诞生的时代及其作者，有各种说法，本书采用了其中的一种说法。

近 4000 年的研究，宇宙的阴阳模型在中国古代哲学中逐步建立成形，我们将其称为伏羲宇宙阴阳模型，简称伏羲宇宙模型。

既然是宇宙模型，就要用宇宙间所有事实来验证，还要经得起科学理论的检验。首先，要用人类已经掌握的事实来验证，用已被证明为正确的科学理论来检验。任何物质都由分子组成，分子有两种形式，即化合物和单质。所有化合物都是阴离子与阳离子交合反应的生成物。离子来源于原子，而任何原子都由阳子原子核和阴子核外电子所构成，而单质本身就是原子。可见，所有物质都是由阴阳构成的。任何生物个体都由细胞组建，而细胞由阳子细胞核和阴子细胞液所构成，可见，所有生物个体都是由阴阳构成的。任何生物性状都由基因决定，基因由碱基对组建，碱基对由阳子嘧啶和阴子嘌呤所构成。可见，所有生物种类及其性状都是由阴阳构成的。人类社会由各种社会组织组建，而任何社会组织都由阳子领导集团和阴子组员所构成。人类社会的家庭是由阳子丈夫和阴子妻子共同组建的。人类任何家庭都由家长及其家庭成员构成，家长是家庭的阳子，其他人员是家庭的阴子。任何个人都由阳子精神活动与阴子肉体活动所构成。将阴子和阳子统称爻子。可见，在太阳—地球系统中的物质系统、生命系统、人类社会系统和人类个体都是由阴阳构成的。“万物负阴而抱阳”道出了天地系统中万物的阴阳构成性。迄今为止的一切科学都没有超出阴阳模型。

接下来，我们再将眼光转向茫茫宇宙，这是还没有被人类完全掌握的领域，看看伏羲宇宙阴阳模型是否符合现代科学理论对宇宙的存在和运动的概括和解释。

老子的“有生于无”的认识论观点，在宇宙学中能得到最好的证明。“无”是虚，是真空，是没有任何粒子的状态，是量子场的基态。但是，后来的粒子就是从这种状态下产生的。最早期的宇宙，只有真空，只有辐射，没有粒子，没有物质，处于“无”的状态。后来出现了原始气体，由夸克、光子、电子、中微子组成，这时仍属于“无”的状态，因为光子、电子、中微子，都没有静止质量，没有总体结构，只是一团原始气体，所以还是“无”的状态。再后来，由于量子场受到扰动，才由夸克合成强子，随着温度的进一步降低，才出现质子、中子，才有质子与电子碰撞，这才有了原子，才进入“有”的状态。根据宇宙大爆炸学说，从“无”进入“有”状态的事件发生在宇宙年龄为1秒的时候。此后的30分钟内，才有大规模的核合成，才有了化学元素。最初合成的当然是最简单、最小的氘，它只有两个质子。由氘一步步合成氢，由氢合成锂、铍，再以后合成氧、硅，再后来合成碳，等等。经过大规模的核合成，宇宙才真正进入“有”状态、实状态。

关于宇宙的形成和运动，现在公认的主流理论是宇宙大爆炸假说。这个假说假定原始宇宙是一个奇点，这个奇点密度、温度几乎都无穷大，时间极慢，它后来极速爆炸（膨胀）了。它为什么会爆炸？是什么原因使它爆炸的？大爆炸假说无法给出原因。也就是说，该假说不能自圆其说。为了自圆其说，西方科学家不得不求助于上帝，说是上帝给了第一推动力，才引起宇宙大爆炸的。这使“科学”（宇宙大爆炸假说）离开了科学，使宇宙大爆炸学说成为科学与神学相杂烩的学说。但上帝观念产生于奴隶制社会的初期，只有两千多岁，而宇宙已有几十亿年的历史。就是这样一种杂烩了神学的科学学说竟然能成为宇宙学的主流理论，令人不胜唏嘘，说明西方哲学已经走投无路了。因此，笔者认为，宇宙大爆炸假说是值得质疑的假说。

根据伏羲宇宙阴阳模型，笔者提出“阴阳宇宙假说”：原始宇宙有两个，一个是阴宇宙，一个阳宇宙，两个宇宙形成互偶，阴阳宇宙的相互作用推动了两个宇宙的运动和变化。正是这两个宇宙之间的互动，才引发我们所在宇宙的爆炸，这是一个概率事件。之后又有一个概率事件的发生，才引起我们所在宇宙的量子场的扰动，这才有我们所在宇宙的夸克组合强子等事件的发生。当初，是谁将我们的宇宙变得密度、温度极大？应该是另一个宇宙；是谁使我们的宇宙极速膨胀（爆炸）？还是那个未知的宇宙。反物质粒子是找到了，但反物质星系还没有找到。另一个宇宙是不是反粒子构成的？现在无法下结论。我们的宇宙处在从“无”向“有”的演化之中，另一个宇宙就处在从“有”向“无”的演化中。另一个宇宙从“有”向“无”演化着，就意味着它处在不断地坍塌、湮灭之中，所以很难发现它的踪迹。黑洞、暗物质、暗能量是不是它的主要存在形式？我们所在的宇宙在膨胀着，另一个未知的宇宙就应该在收缩着，膨胀者为阳，收缩者为阴，我们所在的宇宙是阳宇宙，未知的宇宙是阴宇宙。是原来就有类似星系结构的旋转着的阴宇宙的强力收缩，将均匀膨胀的阳宇宙扭曲成许多旋转的星系。爱因斯坦说我们的宇宙的时空是扭曲的。为什么会扭曲？就是阴宇宙既收缩又旋转的阴阳力对我们所在的阳宇宙的作用而形成的。阴宇宙在从“有”向“无”演化时，它坍塌、湮灭时产生的真空能，应能探测到这方面的信号。背景辐射是否都是光子退耦时留下的？有没有另一个宇宙在湮灭过程中产生？这关系到对信号意义的解读。据2013年5月21日的网络新闻报道，欧洲航天局根据普朗克天文望远镜检查的数据，绘制出全天域宇宙微波背景辐射图，根据这个图，宇宙学家认为找到了多重宇宙存在的证据。这次宇宙学家没有说发现的是几重宇宙。如果是多于两重的，笔者认为那就不是最高层次的宇宙，在发现的那个宇宙之上还应该有更高层次的宇宙。笔者认为，宇宙只可能有两个，不可能是一个，也不可能多于两个。当然，两重宇宙也是多重宇宙。笔者希望今后宇宙学家用阴阳宇宙的假说来解释宇宙现象和观察数据，或许会得到惊人的结果。以上两个宇宙的假说并不妨碍现在对天体膨胀或收缩的观察和测量，但它为数据的解读多了一种角度（两个宇宙的假说现在写在这里，以作备书）。

整个阳宇宙都被引力主宰着，引力原先由牛顿引力方程描述，后来被爱因斯坦广义相对论的引力场方程描述。形成引力的两端就是一阴一阳，它们被互偶力链接着，而成为阴阳对，或称易极、偶极。引力的变化就是阴阳的变化，没有引力的变化，原始宇宙就还是原始宇宙，因为有了引力的变化，才有宇宙的演化。按阴阳哲学说，没有阴阳的变化，就没有宇宙的演化。

伏羲宇宙模型认为，万物负阴而抱阳。这个模型是机理模型，而不是实物模型，或者说，是形而上模型，而不是形而下模型。宇宙的形而下模型，即实物模型被爱因斯坦引力场方程描述着。爱因斯坦宇宙实物模型只描述宇宙图景及变化，不能描述动物、人、人类社会等实物，所以，用广义相对论打造的爱因斯坦宇宙模型仍然是狭义的。而伏羲的形而上宇宙模型是可以描述宇宙中所有事物存在和变化的机理，包括宇宙图景的形成和变化的机理，及描述动物、人、人类社会等的构成及其运动的机理。伏羲宇宙模型才是广义的宇宙模型。

自从建立宇宙阴阳模型后，中国古代学者就以这个模型为基础创立了各种阴阳哲学，如《庄子》、五行学说等，以及在阴阳哲学指导下创立了各种实践的学说。例如，医学家用阴阳模型来建立医学理论，军事家用阴阳模型来建立军事学，政治家用阴阳模型来建立治国学说，儒家用阴阳模型来建立伦理学，外交家用阴阳模型来建立外交学说，农学家用阴阳模型来建立农学，等等，其中最著名的当属《黄帝内经》《墨子》《论语》《孙子兵法》、法家思想、诡辩术、坚白论等学术理论，其他还有占卜术、占星术、堪舆术等。这些人类最初建立的各种学术理论都带有鲜明的阴阳标志，伏羲阴阳模型渗透到中国文化的血液之中。

伏羲宇宙阴阳模型是一种世界观。作为一种世界观，它指示我们，要用阴阳相互作用的眼光来观察和分析任何事物，用阴阳规律来分析和把握任何事物的存在和变化。阴阳眼镜是一副无所不辨的工具。

伏羲宇宙阴阳模型也是一种方法论。既然万物负阴而抱阳，那么观察和分析任何事物首先要分辨出构成它的阴阳两种成分，然后再分析阴阳之间的关系。这种方法，已被笔者发掘出来，那就是阴阳辨析。阴阳辨析是根据伏羲宇宙模型而发掘出来的，具有典型的中国哲学特色，是西方没有的思维工具。既然万物负阴而抱阳，那么这种思维工具就可以运用于任何事物的分析中。这样，阴阳辨析就将伏羲宇宙模型落到了实处。

第二节　阴阳概念及阴阳关系的性质

一、阴阳概念的定义

八卦是由阴爻和阳爻组建的，道的哲学——《道德经》说，“万物负阴而抱阳”，太极哲学——《周易·易传》说，“一阴一阳之谓道”。可见，阴阳是中国哲学中最基本的概念。阴阳究竟指什么？

首先从形而上方面辨阴阳。对形状作辨析：凹为阴，凸为阳；小为阴，大为阳；短为阴，长为阳；薄为阴，厚为阳；等等。对方位、方向作辨析：下为阴，上为阳；里为阴，外为阳；向内为阴，向外为阳；背阳为阴，向阳为阳；等等。对数量作辨析，少为阴，多为阳；部分为阴，整体为阳；无为阴，有为阳；等等。对性状作阴阳特征辨析：雌为阴，雄为阳；冷为阴，热为阳；软为阴，硬为阳；轻为阴，重为阳；弱为阴，强为阳；等等。对状态作辨析：静为阴，动为阳；虚为阴，实为阳；散为阴，聚为阳；守为阴，攻为阳；退为阴，进为阳；反为阴，正为阳；黑暗为阴，光明为阳；等等。对时间作辨析：先为阴，后为阳；旧为阴，新为阳；华为阴，实为阳；等等。对组织作辨析，基础为阴，核心为阳；等等。

其次从形而下方面辨阴阳。根据形而上的辨析，可以对形而下的具体事物进行辨析。根据以上形状、性状、状态、方位、时间、组织等形而上的阴阳特征，就可对具体事物进行阴阳辨析了。例如，在太阳系中，太阳是核心，太阳就是阳，其他行星是阴；在家庭中，妻子是阴，丈夫是阳；在人群中，女人是阴，男人是阳；在社会组织中，被领导者为阴，领导集团为阳；在天地系，天在上为阳，地在下为阴，等等。

阴阳总是一对一对出现的，如男女、天地、上下、里外、冷热、虚实、先后、正反、吉凶、损益、利害、祸福、荣辱、美丑、智愚、巧拙、怨德、善恶、主客、是非、难易等。可以称它们为“阴阳对”，或称爻子对，易（或称易极）就是阴阳对的代表。笔者将两个性质相反、必须捆绑在一起用某种标准来对它们同时下定义或说明的概念称为偶极概念，或称为双概念。就是说，不能单独给“上”下定义，也不能单独给“下”下定义，而必须将“上”与“下”捆绑在一起，用某种标准来给它们同时下定义。不能单独给“善”下定义，也不能单独给“恶”下定义，而必须将“善”和“恶”捆绑在一起，用某种标准来同时给它们下定义。阴与阳是偶极概念，是必须捆绑在一起的双概念。就是说，不能单独给“阴”下定义，也不能单独给“阳”下定义，而要将阴、阳捆在一起，用某种标准来同时给它们下定义或说明。根据伏羲宇宙模型，我们以任何事物的构成元素为尺度来给阴阳下定义：阴、阳是事物内部性质相反且可结为配偶的两个构成因子，它们反成合一为阴阳合一体，在通常情况下，阴配子是反成合一体存在和运动的基础，阳配子是反成合一体存在和运动的主导。这就是阴阳的定义。从这个定义看，阴阳是万事万物存在和运动的机理。

二、阴阳关系的基本性质

1. 阴子与阳子的互偶性

在同一配面下，阴阳二元相互结成配偶的性质称为互偶性，或称相互配偶性。互偶性是阴阳关系最基本的性质，也是定义阴子与阳子的唯一标准。也就是说，可以互偶是阴子与阳子的本来意义。配面是指类型、类别、分析问题的角度、维度、尺度等。互偶性来源于它们的性质相反性，但性质相反性只是互偶的必要条件而不是充分条件，即互偶还有其他条件。将阴阳配对成功的阴阳对称为易极，或称偶极。适龄男女之间、公司领导集团与员工之间、原子核与电子之间、酸离子与碱离子之间等，它们因为性质相反且具有相互配偶性，能够结成配偶，组建阴阳合一体。结成配偶后，就能相互满足对方及自身的配性需要而成为利益共同体，成为合一的整体。但不是所有的二元都可以结成配偶的，例如敌我关系、对立对抗关系的二元之间虽然性质相反，但不具有相互配偶性，因而不能结成配偶，不能组建利益共同体。

在阴阳论的实际分析和运用中，有两大类阴阳关系类型，一是实际事物中的阴阳关系，二是语言概念中人为划分的阴阳关系，将前者称为实际阴阳关系（简称为实阴阳关系），将后者称为虚拟阴阳关系，或概念阴阳关系（简称虚阴阳关系）。雌雄、夫妻、原子核与电子等，是实阴阳关系；而上下、左右、轻重、善恶等是虚阴阳关系。虚阴阳关系中的阴子与阳子是人为划分出来的，其划分标准是可调节的。例如，划分上与下，划分的线可向上抬高一点，也可向下降低一点。划分善恶的标准也是可调节的，不同的国家、不同信仰的人、不同阶级的人等，划分善恶的标准都不同。不管善恶划分标准是什么，一旦接受了这个标准，在这个标准下，善与恶就是一对阴阳关系。笔者在前文已经指出，一是形而上辨阴阳，二是形而下辨阴阳。形而上辨出的阴阳就是虚阴阳；形而下辨出的阴阳就是实际事物的阴阳关系，即实阴阳。但形而下阴阳与形而上阴阳是不可分割的，两者本身也构成了阴阳对，形而下阴阳是阴子，形而上阴阳是阳子。如果阴子不存在了，则阴阳对就不能存在，阳子也不能存在了。同理，如果阳子不存在了，阴阳对也不能存在，阴子也就不能存在了。

2. 阴阳的纠缠性

同配面的阴阳之间由于存在天然的本质的互偶性，那么不管阴阳场有多么广大，阴与阳相距多么遥远，阴与阳总是有形地或无形地相互联系着、连接着，它们总是纠缠在一起。阴阳的纠缠性也可以称为阴阳相关性、阴阳相干性。例如一个人，当他没想做干货批发生意时，他根本不知道干货货源在哪里；当他想做干货批发生意时，他与货源便形成了阴阳互偶力，这个互偶力使得他们双方纠缠在一起。不管他与货源相距多么遥远，他们总是纠缠着，在条件满足时，他们就会配对成功。其他的青年男女总是纠缠在一起，雇工者与被雇者总是纠缠在一起，演员与观众总是纠缠在一起，领导者与被领导者总是纠缠在一起，等等。

由阴阳的纠缠性，笔者自然想到了量子纠缠。笔者不懂量子力学，为了阴阳论，努力关注、学习有关报道。从纠缠着的两个量子看，两者好像就是阴阳关系。两个同配面的量子，不管相距多么遥远，都相互纠缠着：你动，我就动；你向上，我就向下。量子关系与阴阳关系究竟是什么关系，还得由量子学家来回答。假如量子关系属于阴阳关系，那么就可以从两个方面来进一步探讨：从量子关系进一步丰富阴阳关系，从阴阳关系来进一步深入研究量子关系。

3. 爻子的配对活性——爻子魅力

阴子或阳子在阴阳配对时所显现的配对活性称为爻子配对魅力，简称爻子魅力。配对活性的差异来自爻子本身的特质，以及与异性爻子特质的互偶力大小。爻子魅力表现在两个过程中：一是在结成配偶过程中，二是结成配偶对以后。爻子魅力在无机化学、有机化学中表现得非常充分，例如氧化反应、还原反应、置换反应、加成反应、消去反应等，反应釜中各个离子的魅力不同，反应的结果就不同。有些已经结成阴阳对的爻子也被魅力强的爻子强力置换出来，退出了原来的配偶对。在人类的恋爱、婚姻过程中，爻子魅力是关键的因素。企业、事业单位的领导魅力也是极其关键的因素。

4. 阴阳的相反相成性

相反相成性是指阴阳因为性质相反而相互制约，从而使合一体能够维持存在及变化的关系。阴阳性质相反必然产生龃龉，这种龃龉对双方都是制约，而内部的相互制约是合一体能够存在的必要条件之一。事物或系统内部两种势力如果没有相互制约，那么必然导致合一体解体。龃龉产生的相互制约不等于对立，更不等于对抗。当然，如果不能遵循和的原则，相互包容，优势方用高压手段对待弱势方，那么很可能就会演变成对立。一旦演变成对立、对抗关系，则原来的阴阳关系就变性为对立面关系了。阴阳之间的相互制约的固有性质被西方哲学视为对立，被阴阳论视为平衡。视为对立者，欲以灭之为目标，视为平衡者欲以包容为准绳。因此，从阴阳的相反相成性中投射出包容的原则、和的原则。

5. 阴阳的相辅相成性

相辅相成关系是指阴阳配子之间的取长补短、优势互补、相互辅助、相互促进的良性关系。

6. 阴阳配子的非线性关系

普利高津指出，线性关系与非线性关系的区别在于，是否具有叠加性，具有叠加性的是线性关系，不具叠加性的是非线性关系。配对成功的阴子、阳子都是配子，阴配子与阳配子都不具独立性，它们只能在合一体中相互依存，是你中有我、我中有你的关系，阴中包含阳，阳中包含阴，因此不具有叠加性，是非线性关系。没有配对的阴子或阳子，是孤子，孤子当然具有独立性，但孤子不构成关系，当然也就谈不上是线性或非线性的关系了。

7. 阴阳的不对称性

阴阳不对称性是指阴阳配子之间的相互势力通常不平衡的关系。配子的相互势力在不断变化，其中一方强，另一方弱，强的一方被称为优势爻子，弱的一方被称为基础爻子，配子在平衡点附近徘徊，完全平衡只是短暂的特殊状态。原子核与电子是不对称的，核是优势爻子；领导与被领导是不对称的，领导是优势爻子；等等。阴阳的不对称性体现了阴阳配子的主次性，也就是说，阴阳配子在阴阳合一体中因为两者的势力不平衡而产生了地位的差别，优势方为主，弱势方为次。

8. 孤子不稳定性

所谓孤子是指没有阴阳相配的爻子，将表示孤子的概念称为独身概念。与此相对，将已经阴阳配对的爻子称为配子，将表示配子的概念称为配偶概念。孤子显然有孤阴子和孤阳子两种。孤子在中外哲学著作中似乎没有任何论述。在现实世界中，孤子还是普遍存在的。例如，育龄人只要他或她还没有与异性发生过性关系，就是性孤子。还没有授粉的植物的雄蕊或雌蕊是孤子，游离的阴离子或阳离子是孤子，天体中的流星也是孤子，游走于两极之间的第三势力是孤子，等等。但是，孤子作为一个事物，其本身也具有阴阳成分，因为万物负阴而抱阳。孤子的所谓“孤”，只不过是就某一配面而言。不论何种阴子或阳子，都是就某一配面而言的爻子，而不是就所有方面而言的爻子。任何事物都具有多配性。例如，一个成年男人，就夫妻关系而言他是阳子；而就职场中的关系而言，因为他是被领导者，所以他是阴子。有配面而没有配偶的爻子就是孤子。如果一个男子在性关系配面没有任何性经历、性经验，我们就说他是性孤子，或称为性关系配面的孤子。他或她到了婚配阶段应该是配子，却还不是配子，我们就说他或她是孤子。游离的离子是孤子，是就阴阳离子的结合（化合、耦合、组合等）而言的，没有结合、化合、耦合，所以称其为孤子。孤子是仅仅就配面而言的，它本身都是由阴阳构成的。因此，孤子并不是世界上最后的不能再分割的最小单位。

孤子的典型特征是具有较大的向配面异性趋近的倾向性。这一特征来源于万物负阴抱阳律，因为异性相吸。当某种爻子处于游离状态时，就必然受到配面异性爻子的强大吸引。游离的阴离子和同一配面的游离的阳离子之间有相互趋近的强大力量。在电磁力配面方面，异性离子之间具有强大的电磁吸引力。男女之间在性配面方面也具有强大的性引力。

孤子的第二个特点是不稳定性。爻子一旦配偶成功，就受到配面异性的制约，因而就相对稳定。孤子因为没有配偶成功，就没有配面异性爻子的制约，所以不稳定。这种不稳定性往往会导致极端。孤子以两种形态存在：一种是语言概念中的概念孤子，另一种是现实中的现实孤子，前者称为虚孤子，后者称为实孤子。现实中的孤子总是受到一定程度的制约，只是制约很弱而已。不受任何制约的概念孤子不仅存在，而且大量地存在于各种理论中。现实中的孤子在互偶力的作用下，会自动向异性趋近，在条件满足时，就会配偶成功，而结束孤子的状态和身份。但语言概念中的孤子，因为概念是人提出来的，所以当提出者没有给该概念以配偶时，它就永远是孤子。由于概念孤子是不受任何制约的真正的孤子，所以导致的极端情况还是非常严重的，值得严密关注。

孤子还有“边际效应”，简称“孤子效应”。例如，育龄阶段的性配面孤子（没有性经历或性经验的人），不仅表现了向异性的趋向性和思想行为的不稳定性，而且表现了某些青涩倾向。他们在语言和行为举止方面往往显现出不成熟。性配面孤子的天真性就是孤子“边际效应”的表现之一。电离子的富集也会产生出特别的效应，例如等离子体就具有特别的效应。失配之人容易发生心理问题是常见现象。阴阳之配是天道之配、宇宙之配、自然之配，舍此，必将发生这样或那样的问题。“孤子效应”是尚待继续研究的哲学问题和现实问题。孤子问题的分析使我们看到，爻子不仅表现了性质上的辨析性，即爻子可以辨析为阴子和阳子，而且还表现了配面上的辨析性，即孤子的寻偶性。

9. 同性爻子的同性相斥性和同性协同性

“物以类聚，人以群分”，这一直是中国人的思维逻辑之一：在中国哲学中又有“同气相求”的概括，此处的“气”指阴气或阳气。同性爻子不仅有相互排斥的一面，而且有相互聚拢、协作的一面，既有相斥性又有协同性。为什么同性爻子同时具有两种相反的性质？问题在于配面和层次的不同，以及外来压力的缘故。在某种配面方面（关系），它们是同性相斥的，在另一种配面（关系）及层次方面，它们又是同性协作的。同性相斥是因为在某种配面下相互争夺同一层次的配偶造成的，同性协作是因为在另一种性质的配面方面，它们同时受到高于本层次异性爻子的压力而协作，共同抗拒外来压力以利自己的生存而形成的。例如，资本家与被雇用的工人之间，一个是剥削者，另一个是被剥削者，性质相反，既相互龃龉又相互协作，他们有共利关系、互补关系，双方组成利益共同体。资本家与资本家之间是同性爻子，是相互排斥的“大鱼吃小鱼”的关系。工人之间也是同性爻子，也存在相互排斥的关系。当资本家与工人之间的龃龉加剧到对立关系时，资本家们会协作起来以对抗工人，工人也会协作组成工会，与资本家们相抗衡。这都是同性爻子之间协同性的表现。同性爻子的协同性表现，无论在人类社会还是在自然界都有大量的实例。

第三节　易道宇宙观

《道德经》对整个宇宙有一个总的描述："有物混成，先天地生"（《道德经》第25章），"吾不知谁之子，象帝之先"（《道德经》第4章），"视之不见""听之不闻""搏之不得"，"无状之状，无物之象，是谓恍惚。迎之不见其首，随之不见其后"（《道德经》第14章），"惚兮恍兮，其中有象，恍兮惚兮，其中有物；窈兮冥兮，其中有精，其精甚真，其中有信"（《道德经》第21章），"可以为天下母"（《道德经》第25章），"湛兮，似或存"，"渊兮，似万物之宗"（《道德经》第4章），"寂兮廖兮，独立而不改，周行而不殆"（《道德经》第25章），"无，名天地之始，有，名万物之母。故常无，欲以观其妙；常有，欲以观其徼"（《道德经》第1章），"天下万物生于有，有生于无"（《道德经》第40章），"有无相生"（《道德经》第2章），"此两者，同出而异名，同谓之玄。玄之又玄，众妙之门"（《道德经》第1章），"吾不知其名，强字之曰：道，强为之名曰：大。大曰逝，逝曰远，远曰反。故道大，天大，地大，人亦大。域中有四大，而人居其一焉。人法地，地法天，天法道，道法自然"（《道德经》第25章）。

现参照某些学者的注释（见：文后参考文献［1］）而翻译如下：有一个混沌样的东西在天地诞生前就已存在，我不知道它是谁的儿子，它好像在天帝（上帝）诞生前就存在了。你看不见它，听不到它，摸不着它，它没有固定的形，也没有固定的象，这叫恍惚。你迎着它，看不见它的前头；你跟着它，看不见它的后尾。恍惚啊，在它的无状之状、无物之象中，又有我们感觉不到的物及其象；恍惚啊，在我们看不见、摸不着的深幽冥暗之中，它又有极为精细的物质。这精微物质好像存在，又好像不存在；其实，它是真实地存在的，是真实可信的。这精微之物，好像是万物产生的最原始的祖宗，是万物之母（既然是万物之宗、万物之母，那么天、地、人就都是这精微之物产生出来的）。它寂静而空虚，不依靠任何外力独立地存在、运动，它循环运行而永不衰竭、永不停息。“无”，可以用来表述天地混沌未开之际的状况；“有”，则可描述宇宙诞生、万物演化的状况。所以，要经常想到从“无”中思索它如何产生“有”的奥秘，从“有”中观察它变化的端倪。其实，“无”与“有”同出于它，只因表现形式不同而名称不同而已。（它以“无”与“有”两种基本形式变换着，“有物混成”之“混”，原来指“无”和“有”）万物生于有，有生于无，有无相生，这就叫玄妙。无有相生在各个层面上以无穷无尽的形式相互变换着，这就叫玄之又玄，这是宇宙万物变化奥秘的总门。我不知道它的名字，只勉强地称它为“道”，还可以勉强地称它为“大”（“道”和“大”还是有所区别的，道是本体，“大”在这里是系统、层次的意思，本体道无疑是最大的系统）。大（系统）随时间而运行不息，运行不息就伸展遥远，尽管伸展遥远，还是要返回到它的本原的。所以，道是（最大的）系统，天是系统，地是系统，人（类社会）也是系统，宇宙中有四个层次系统，人类社会是其中一个层次系统。因为它们是层层相生的，所以人要取法于地，地取法于天，天取法于道，道取法于自然（因而“自然”是最高、最后的根据）。

以上是笔者参照其他学者的译注而作的翻译。老子所说的精微物质，以及对精微物质无状之状、无物之象、有生于无、有无相生、无穷变化的描述，今天看来应该是指基本粒子。万物生于有，即万物都是由分子组成，分子由原子构成，原子由原子核和核外电子层构成，核中的质子、中子等都是由基本粒子构成。分子、原子、质子、中子、电子等精微物质都属于“有”。而基本粒子从哪里来的呢？“有生于无”，它们是从“无”中产生出来的，这个“无”就是真空，而真空是量子场的基态。基本粒子之“有”是从真空态变化而来的。老子 2500 多年前的洞见及描述与今天物理学研究前沿的描述如此相似，这太不可思议了。那么，以基本粒子形式存在的“有”与以真空态形式存在的“无”的总称叫什么呢？老子“强字之曰道”。今天的原子物理学、量子物理学都没有给出物质与真空的合称，而老子却给出了它们的合称：道。道是以两种形态存在的，一种是以“有”的形态存在，另一种是以“无”的形态存在。道是宇宙本体、宇宙本原，道理原来如此。无怪乎西方的原子物理学家、量子物理学家、天文学家以及自然哲学家都对老子崇拜至极，怪不得有西方学者认为，人类的所有著作中只有《道德经》至今仍没过时。令人费解的倒是中国的某些新儒家哲学家还将老子说成唯心主义者或客观唯心主义者。

老子在这里所说的“大”是系统、层次的意思还是很明显的，道当然是最大的系统。老子认为宇宙由四个层次构成，认为人类社会也是一个层次系统，这是极为了不起的观点。老子认为是精微物质产生万物的，今天看来，有一个物质层次问题。

第四节 道常无为而无不为论

什么是“无为”？从《道德经》第48章“为学日益，为道日损，损之又损，以至于无为”的论述看，“无为”一词很明显就是指事物的规律，而不是指无所作为。这段论述的意思是：学习知识要日益增加，而要探索道、研究科学，就要将研究材料、事物关系逐渐减少：即从诸多的研究材料、有关的知识中逐步清除非主要的材料，研究材料要从厚到薄，从多到少，从复杂关系中要逐渐看到简单关系，事物关系逐渐减少，减少到不能再减少的地步，那剩下的就是事物的规律性关系。所以，无为就是指规律。古汉语没有“规律”一词，老子就用“无为”一词来表达规律的含义。“为道日损，损之又损，以至于无为”说的就是科学探索的过程。无为，就是事物的规律性。“道常无为”：道以规律（以无为的形式）而运行。不仅人要“法地”，而且连道都要“法自然”。按规律办事，当然就能无所不为了，这就是“道常无为而无不为”的意思。所谓无为而治，就是指要按规律来治理。

以往的某些哲学家认为“无为而治”就是任其自流，什么都不要做。这是一种非常错误的解读。按规律办事，就意味着要利用规律、因势利导。利用规律，就是有为之举。因此不要以为，老子只讲无为而不讲有为。老子在《道德经》第38章中说过：“上仁为之”“上义为之”“上礼为之”，指出了仁、义、礼都是人们有意为之，因为它们都是人制定的行为规范，是有意为之的结果。要怎样“为之”呢，那就要按规律来办事，要按照社会政治、经济、文化的规律和现实、按人性以及人性与当时的社会现实相结合的情况去制定，即按“无为”去制定。也就是说，仁、义、礼都不是道的本身，是人“有为”的结果，老子认为它们都是属于德的范畴。什么是老子说的“德”呢？人的行为规范的总称就是德。人的行为规范范围极广，在人与人的关系、人与国的关系、人与自然的关系、君与臣的关系、君与民的关系、臣与民的关系、国与国的关系等方面的行为规范，都属于德的范畴。那么，道与德是什么关系呢？道是万物之母，当道的运行法则扩张到人类社会层次时，就是“德”，所以德的范畴很大（所谓“孔德之容”）。尽管德的范畴很大，但都要“唯道是从”（《道德经》第 21 章），要按照道常无为而无不为的总法则来处理各种德的范畴。是否按照道常无为的总法则来思考和行动，就分出了“无以为”“有以为”，就分出了上德、下德。德是仁、义、礼的总称，仁是德的核心和最高层次，义是第二层次，礼是最低层次。哲学家们将“失道而后德，失德而后仁，失仁而后义，失义而后礼”（《道德经》第 38 章）翻译为“失去了道而后才有德”“失去了德而后才有仁”等，我认为应翻译为：去掉道的层次，就到了德的层次；去掉德的层次，就到了仁的层次；去掉仁的层次，就到了义的层次；去掉义的层次，就到了礼的层次。从无为有为的角度讲，有道、德、仁、义、礼五个层次，道和德的层次都是无为的层次，但道是常无为的，德却有“无为而无以为”的“上德”与“无为而有以为”的“下德”的区别；仁、义、礼三个层次都是有为的层次，但它们也有区别：上仁是“为之而无以为”，上义是“为之而有以为”，最后到上礼“为之而莫之应”。至于下仁、下义、下礼是怎样的，《道德经》中没有论述。

老子将道常无为而无不为的原理运用于人类社会管理时，提出了著名的“无为而治”的治国论（《道德经》第 10 章等）；将道常无为无不为的原理运用于人与自然的关系时，提出了著名的“生而不有”“长而不宰”的生态管理论（《道德经》第 10 章等）；将道常无为无不为的原理运用于人际关系时，提出了著名的“唯不争”的个人修养论（《道德经》第 23 章等），等等，这些都是德的范畴。而德有常德、玄德、不德等的不同表现。

老子讲有为，还指宣讲道常无为而无不为的原理及道与德（包括仁、义、礼）的关系，将道之“朴”深入人心，将“唯不争”的个人修养论深入人心，“镇之以无名之朴”（《道德经》第37章）遏制人的欲望，使人“不欲”，去除非分之想、使人“不争”。

德的范畴极广，《道德经》中有广泛的论述，此处不再详介。

第二章 / chapter 2

阴阳规律

何谓规律?《哲学小辞典》[1] 的定义是:"规律,亦称'法则',事物发展过程中的本质联系和必然趋势。具有普遍性、重复性等特点,它是客观的,是事物本身所固有的,人们不能创造、改变和消灭规律,但能认识它,利用它改造自然界,改造人类社会。"过去中国本土哲学中并没有提出任何规律,因而被西方哲学家所轻视,其中最著名的是黑格尔对中国本土哲学的评价:中国哲学"只停留在最浅薄的思想里面","找不到对于自然力量或精神力量有意义的认识"(见:参考文献[9],119页)。情况果真如黑格尔所说的那样吗?当然不是。黑格尔之所以高傲,是他对两千多年来的西方辩证法进行了系统的梳理,提出了辩证法的三大规律。他之所以轻视中国哲学,是因为中国哲学中一个规律也没有。中国本土哲学的症结很明显:如果不将阴阳规律挖掘出来,中国本土哲学在世界哲学界就无法立足,就只能称为"思想",而不能称为哲学。这是西方从黑格尔到当今的德里达们的共识。针对中国本土哲学的症结,笔者这个非哲学科班出身的理工男只好自不量力地对中国本土哲学从源头起进行梳理、发掘和拓展。

笔者以《易经》和《道德经》为基本经典,当然还包括先秦之后的中国哲学家们的著作。笔者将发掘出的阴阳规律分为存在性阴阳规律和变化性阴阳规律两大类。当然,这样的划分标准有待商榷。

---

[1] 马培,等. 哲学小辞典[M]. 上海:上海辞书出版社,2003:18.

第一节　存在性阴阳律

一、万物负阴抱阳律

老子说“万物负阴而抱阳”，这表现了事物的阴阳关系的普遍性、规律性，因此作者将其命名为万物负阴抱阳律。这句话有以下几层含义。

其一，万物阴阳构成性：万物都是由阴阳二气（或称两种因素）构成的。笔者将阴气（因素）称为阴子，将阳气（因素）称为阳子。性质相反的阴子和阳子存在于任何事物之中。老子在《道德经》中列举了大量的阴阳对：有无、刚柔、雌雄、美丑、善恶、真伪、祸福、曲直、巧拙、智愚、吉凶、祸福、生死、强弱、攻守、胜败、进退、大小、多少、长短、高下、远近、前后、正反、厚薄、寒热、难易、贫富、荣辱、贵贱、是非、怨德、治乱、兴废，等等。负阴抱阳律的第一层意思说的是万物的阴阳构成性。

万物负阴而抱阳，这个由阴阳构成的阴阳合一体被笔者称为易极或称偶极。易的本意是变易、简易和不易三种意义。这就是说，易极也有这三种意义，但变易是主要义项。变易告诉我们，易极处于不断变化之中。

其二，同斥异吸性：人体有背部和腹部，阴阳论的主流观点将背部视为阳，将腹部视为阴。运用背部的主要动作是背负，运用腹部的主要动作是拥抱。负阴是将阴背在背上，抱阳是将阳抱在怀里。能不能负阳抱阴，即将阳背在背上？将阴抱在怀里？不能。因为背属于阳，阳与阳是不能合在一起的，背阳是背不住的，它是要滑脱的。阴与阴也是不能合在一起的，抱阴也是抱不住的。这里是借“负”和“抱”这两个动作来说明阴子与阳子并不是随便、任意组合的，而是同性相斥，异性相吸。

其三，配面性：背负和拥抱都是人的动作而不是指别的事物的动作。从老子列举的大量阴阳对看，只有同类型、同类别的事物才能发生阴阳关联作用。这个阴阳可以相匹配的类别、类型被笔者称为配面。只有同一配面（或者说同一类别）上的阴子和阳子，才有可能发生异性相吸、同性相斥的作用。

其四，多配性：从老子所列的大量阴阳对看，同一个事物可以自身的各种性质、形态在不同时空中与同配面的其他事物发生联系，这些联系都存在阴阳交配力。

1. 推论一：阴阳互含律

阴中包含着阳，阳中也包含着阴，阴阳是相互包含、相互渗透的，这就是阴阳互含律。由阴阳互含律，又可推导出阴阳关系是你中有我、我中有你的非线性关系。因为万物负阴而抱阳，既然这样，那么无论阴子或阳子本身也由阴阳构成，所以阴阳相互包含。例如，男人体内也含有雌性激素，男人之所以是男人，只因他体内的雄性激素量大于其体内的雌性激素量而所致；女人体内也含有雄性激素，女人之所以是女人，是因为其体内的雌性激素量大于其体内的雄性激素量的缘故。集团领袖与其集团成员是阴阳关系，领袖是阳子，成员是阴子。但是，领袖也必须遵守成员的某些行为规则，成员也必须遵守领袖的某些行为规则，他们之间并没有绝对的界限，是你中有我、我中有你的非线性关系，而不是你中绝对没有我、我中绝对没有你的线性关系。

2. 推论二：一分为二律

任何事物及表达该事物的概念都可以某种尺度辨析出它的阴子与阳子，这就是一分为二律。根据万物负阴抱阳律的阴阳构成性，任何事物都是由阴子和阳子组成的，所以就必须辨析出它的阴子和阳子，因此易极可以一分为二。这里的阴子和阳子两个爻子可以看作次级易极，即二级易极。

既然阴阳互含，这两个次级爻子就都可以继续一分为二，阴子可以一分为二为阴中之阴和阴中之阳；阳子可以一分为二为阳中之阴和阳中之阳。这四个三级易极都可以继续一分为二，从理论上说，这个过程可以无限地进行下去。这就是连续一分为二律，或称阴阳层析法。一分为二律含有以下内容：相对的观点、（理论上）无限可分的观点和层次的观点。

二、有无相生律

老子在《道德经》第 1 章、第 2 章、第 25 章、第 40 章等章节中指出：

“无，名天地之始，有，名万物之母”，“天下万物生于有，有生于无”，“有无相生”，这就是有无相生律。这里，无是阴子，有是阳子，老子将它们的上级易极的名称命名为道。因为“此两者，同出而异名”，这个同出的事物的名称就命名为道。“无”又被老子称为“恍惚”：“无状之状，无物之象，是谓恍惚”（第14章）。但恍惚之“无”又可以变换出有物有象之“有”：“惚兮恍兮，其中有象，恍兮惚兮，其中有物；窈兮冥兮，其中有精，其精甚真，其中有信”（第21章）。现在我们知道了，这个恍惚就是能量❶，这个精物就是粒子。将能量称为恍惚，非常确切，我们能感觉到它的存在，却无法描述它的形状和物象。老子在2500多年前就预见到以能量形式存在的“无”与以精微物质（即粒子）存在的“有”相互变换的关系，并进一步指出精微物质是万物之母（“有，名万物之母”）。老子论述了道以“无”与“有”相互变换的形式在大、天、地、人层面上展开。老子还以生活中的例子来说明“无”与“有”相变换而存在的事实，以此来启迪人们要明白“有之以为利，无之以为用”的关系。《道德经》第11章指出：“三十辐共一毂，当其无，有车之用。埏埴以为器，当其无，有器之用。凿户牖以为室，当其无，有室之用。故有之以为利，无之以为用。”车毂中有空的洞（安装轴的空洞），车才有用处。陶罐是中空的（无），陶罐才有用。房屋内有空间（无），房屋才有用。车、陶罐、房屋等因为“无”（空间），才“有”用。所以，“有”形之物的利以“无”形之物的用而显现出来。车子、陶罐、房屋等有形之物的作用，都是因为它们中含有的无形存在的空间而显现出来的，如果它们不含有空间，那么它们就成为无用之物了。有无相生，有无相倚，有无相彰，相互统一于道之中。在有无关系中，无是阴子，有是阳子。有无关系是阴阳关系之一，所以阴与阳也是阴阳相生、阴阳相倚、阴阳相彰的。

三、阴阳反成合一律

易极内的阴配子与阳配子通过既相反相成又相反相济的相互作用而维持阴阳合一体的存在及运动，将这一相互作用机制称为阴阳反成合一律。

---

❶ 这里的能量既指与物质相变换的能量，即 $E=mc^2$ 中的E，也指真空能。

相反相成主要有两种含义。相反相成的第一种含义（也是主要含义）是指，因为性质相反才能形成互偶力，从而才有可能使两者合为一体。阴子与阳子因为性质相反，它们之间具有卯榫性、配偶性和配对性，总之，具有互偶性。是互偶力驱使它们结成配偶对，也就是"相成"为合一体的。例如，原子核与电子因为在电磁性上性质相反而能结成配偶对，男人与女人因为性别相反而能结为夫妻。阴子与阳子性质相反，才能相比较而成立，相依靠而存在，相互吸引，相互依存，维持着合一体的存在。《道德经》列举了大量例子。《道德经》第 2 章指出："天下皆知美之为美，斯恶矣。皆知善之为善，斯不善矣。有无相生，难易相成，长短相形，高下相盈，音声相和，前后相随，恒也。"任何二元关系要成立，双方都必须相互依存，失去任何一方，都将使二元关系消失。失去妻子，丈夫（的意义）就不存在了——没有妻子的男人是不能称为丈夫的。同理，失去丈夫，妻子（的意义）也不存在了。缺少任何一方，完整意义上的家庭就不存在了，这叫易极破缺。反之，如果两个爻子性质不相反，而是相同，那就不具有卯榫性、配偶性、配对性，就不会产生互偶力，它们也就不能结成配偶对，就无法"相成"为合一体。

第二种含义指，阴子与阳子因为性质相反而形成相互制约的关系，而相互制约是阴阳合一体存在的必要条件之一。异性爻子因为性质（性别）相反，导致特质、特性等方面存在差异，这种差异导致龃龉是必然的。如果龃龉处理不当，有可能产生抵牾、拮抗甚至对立、对抗。这种差异对双方都有制约，而相互制约是能够共处的重要条件之一。任何事物的变化、运动，若没有抑制，事物就会沿促进爻子的方向呈爆发性地、无限地增长，由此造成事物的崩溃。瞬间爆发状态下的事物是不能被我们所认识的。换句话说，能被我们感知和认识的事物都是促进势力和抑制势力相互作用的某种状态。最强大的制约力量应是其内部性质与其相反的事物或态势；或者说，任何已经存在的事物或态势内部，必定存在性质相反、相互制约的阴阳两种成分。阴阳哲学把两个性质相反却相互配偶、相互依存、相互制约的关系叫相反相成。

相反相济或曰相辅相成是指阴子和阳子相互需要、相互补充而保持着关系，保持着合一。其实互偶也是互需的内容之一。例如雌雄结合，在生理需要上相互得到了满足。阴子与阳子性质相反，特质也就不同，不同的特质既会产生龃龉，也会产生互补，而互补有利于合一体的整体利益。例如，妻子既细心又有耐心，擅长照料子女、操持家务；在男人主导的社会里，丈夫要挣钱、养家糊口。这既是生物分工，也是社会分工。这就是相反相济的表现之一。互需满足了双方需要，互补则弥补了双方的不足，对双方均产生促进作用。

相反相济还有另一种含义，即配子自身特性特质的展示、自身的发展也需要配偶的配合和补充。例如，在公司中，公司创立者是阳子，招聘来的员工是阴子。阳子的特质、能力和抱负，必须得到阴子的配合才有可能得以展示；同样，阴子的特质、能力和抱负，也必须得到阳子的配合才有可能得以展示。离开了配偶的配合，自身就得不到展示和发展。也就是说，配子不仅不能孤立地存在，而且不能孤立地展现和发展，它需要与配偶互补互动才能表现自己的特性。这就是相辅相成律。

阴配子和阳配子是事物内部的性质相反、相互吸引、相互配偶、相互依存、相互需要、相互补充的两个不断运动、不断变化的爻子，它们以相反相成和相辅相成的关系所表现的合一性，维持着事物的存在并推动事物的变化和发展。

千万注意，阴阳合一体——反成合一体与对立统一规律表述的对立统一体或同一体是不能等同的两种概念。对立统一体中的对立双方是相互否定的双方、你死我活的双方、零和游戏的双方，是线性关系的双方。而阴阳合一体中的阴阳配子的双方是非线性关系的双方，是既相互龃龉、颉颃，又相互补充、相互促进的双方，是你中有我、我中有你的利益共享的双方。阴阳配子是合一体中的双方，它们绝不会相互否定、对立斗争，而是要相互协作、相互辅佐、相互补充和相互促进。线性关系与非线性关系是性质完全相反的两种关系。阴阳合一体也讲统一，是指以优势配子为主导，以基础配子为辅佐的统一，而不是指强势方压制弱势方的统一、否定弱势方的统一、强势方特质均质化的统一。

四、新弱胜旧强阴阳律

新生的柔弱事物终将胜超老旧的强大事物，这就是新弱胜旧强律。强大的老旧事物终将灭亡，那么它们是怎样灭亡的呢？它们必定是被原先柔弱的新生事物胜超而灭亡的。柔弱胜刚强，在《道德经》中有大量的论述。《道德经》第 78 章指出："天下莫柔弱于水，而攻坚强者莫之能胜，以其无以易之。弱之胜强，柔之胜刚，天下莫不知，莫能行。"《道德经》第 36 章指出："柔弱胜刚强。"《道德经》第 40 章指出："反者道之动，弱者道之用。"《道德经》第 43 章指出："天下之至柔，驰骋天下之至坚。无有入无间，吾是以知无为之有益。" 天下最柔弱的东西，能驰骋于天下最坚硬的东西之中；无形的东西能进入没有间隙的东西之中。"《道德经》第 76 章指出："人之生也柔弱，其死也坚强。草木之生也柔脆，其死也枯槁。故坚强者死之徒，柔弱者生之徒。是以兵强则灭，木强则折。强大处下，柔弱处上。"

五、阴阳位序结构律

周文王写作《易经》以来，历朝历代都有大量《易经》研究著作问世。这些研究将每一卦、每一爻的地位和作用都解析得详详细细了。如今《易经》还有宝可挖吗？笔者发现，以往易学家们均从内容上阐释、发掘，却没有一位从形式上进行发掘。于是笔者另辟蹊径，从形式上来发掘《易经》，果然挖到了新宝贝。

笔者发现八卦有 4 种维度，即一维的线性序列、二维的平面序列、三维的立体序列，还有分形序列，即维数不是整数而是分数的序列。以上阴阳序列，简称为易序列。

一维易序列就是八卦，每卦由 6 个爻子构成，呈一维线性排列，共计 64 个一维易序列。每个一维易序列都有自己特定的卦名，例如乾卦、兑卦等。

二维易序列是平面卦宫序列，每个卦宫由 8 个一维易序列构成，共计有 8 个卦宫。每个卦宫都有自己的宫名，如乾宫、坎宫等。

笔者发现的三维易序列是一个双球体，它有 4 个层次结构：易体由两个球团构成，一为易紧团（天地水火团），一为易松团（风雷山泽团）；每个易团由两个易钹构成，每个易钹由两个卦纲构成，每个卦纲由 8 个目卦构成。根据易体的双球团结构，笔者提出了两个宇宙的假说，即宇宙由阴宇宙和阳宇宙构成。宇宙变化的原动力就来自阴阳宇宙间的阴阳互偶力作用。

宇宙、太阳系、地球的自然界及生物界、人类社会系统都不是散乱的，而是有结构、有位序、有相互关联关系的。伏羲创立八卦的原意就是模拟宇宙万物的存在和发展。八卦的思维是象、数、理相结合的思维。前人的研究方向侧重于象、理方面，用象来说明理，但在数形与理的关系研究上显得很不充分。前辈哲人的研究成果极其丰富，笔者不再重复。通过对八卦数形的研究，笔者发现，八卦在结构、位序方面有许多关于实际事物、系统的独特的模拟和概括，对我们研究自然、社会有很大的启迪、参考作用。关于宇宙、自然界、人类社会系统中的结构、位序关系及作用，古希腊毕达哥拉斯学派有这方面的研究，但很不充分；近代以来的西方哲学几乎没有位序方面的研究，而西方自然科学家们有这方面的研究，但其毕竟不是哲学。

模拟宇宙万物及其变化的八卦，其最显著的特征就是爻子的不同排序组合及各爻子在卦中的位序。爻子的不同排序组合，决定了卦的结构以及由结构决定的性质、作用及该卦在卦宫中的位序和作用；卦宫之间也形成了序列、结构，某一卦的变化不仅引起某一卦宫的变化，也引起整个卦宫体系的变化。这就是阴阳位序律。此律指出了两个方面的位序结构，一是爻子在爻子序列中的作用，二是某一卦在卦宫序列系统中的作用以及卦宫与卦宫之间的相互作用。八卦是由阴爻和阳爻有序组成的，不论阴爻或阳爻，其在八卦中的位序是八卦最显著、最基本、最重要的特征。阴阳位序结构律指出了“位”、“序”在爻子序列、卦宫序列中的决定意义及序列结构的意义。

1. 卦体秩序律

任何卦都是由定序与不定序辨析构成的体系，这就是卦体秩序律。单个八卦是由定序与不定序构成的组织结构阴阳合一体，定序是阴子，不定序是阳子，这就是链状（一维）八卦的组织位序律。八卦中的定序有上位、下位、中位、天位、地位、人位、君位、臣位、对应位、比邻位等的定位。对应位关系是指初位与第四位、第二位与第五位、第三位与上位的相应关系。比邻位关系，指相邻位之间的关系，如一二位之间、二三位之间，等等，都是比邻关系。初位、三位、五位是阳位，二位、四位、上位是阴位。中位指经卦的中间位，即内卦的第二位与外卦的第二位（六画卦的第五位），其中第五位是君位。阳爻占据第五位是所谓的得位，阴爻若占据第五位就是所谓的失位，等等。不定序是由爻子的位子与定序相结合而体现的。它们大体有据、承、乘、望[1]等关系。这里“据”指占据、占有；“承”指承接、承受；“乘”指乘搭；“望”指仰望、期望。当阳爻在上、阴爻在下时，阳爻据阴爻，阴爻承阳爻；当阴爻在上、阳爻在下时，阴爻乘阳爻，阳爻望阴爻。卦爻的定序与不定序构成了卦体内部的秩序，使得卦体保持稳定和统一。

卦体秩序律的定序与不定序及两者的关系在人类各级社会组织中都有最广泛的体现，例子不甚枚举。人类社会的任何社会组织都必定由位序构成，而其位序也必定由定序与不定序构建，组织中的任何成员在组织中的作用都必定是由其在某个位序中体现的。

2. 结构的位爻定性律

卦体的结构及其性质是由卦体中的位点与该位点上的爻子属性辨析决定的，这就是结构的位爻定性律。卦体有初位、二位、三位、四位、五位、上位，共六个层位。每个位点都有其特定的意义和作用，位点与位点上的爻子属性共同决定了该卦的结构及其性质。例如乾卦䷀与姤卦䷫只有初位不同，这就造成两卦结构的不同。从形式上看，两卦大体相同，只有细微的差别，但就是这点细微的结构差异就造成两卦性质截然不同。乾卦是“元、亨、利、贞”；而姤卦是“女壮，勿用取女”。为什么不能娶此女（初位的阴爻）呢？这个女人很健壮，她有可能与五个男人苟遇。又如同人卦䷌，与姤卦的阳爻数与阴爻数完全相同，只是阴爻的位点不同，又造成两卦的结构及其性质的不同。同人卦是“同人于野，亨，利涉大川，利君子贞”；“《彖》曰：同人，柔得位得中，而应乎乾，曰同人。”柔指阴爻，她在第二位，此位正是阴位，阴爻占阴位，所以说她得位，第二位又处于下卦三个位的中间，所以说她得中。六十四卦之间的差异，都是爻位与该爻位上的爻子属性共同决定的。

需注意的是：爻子属性不仅指阴与阳，还指爻子的其他特性、特质。同是男人，男人与男人各有不同，同是女人，女人与女人各有不同；同是金属正离子，各种金属正离子特性不同，同是酸性离子，各种酸性离子特性不同。这叫大同而小异。

---

[1] 望的关系是笔者杜撰的，其他资料中未见过。

结构的位爻定性律遍布于现实世界中。在有机化学、生物化学中有最充分的表现。DNA 与 RNA 的磷酸基、碱基都完全相同，糖基都是 5 个碳原子的核糖且都是环状结构。RNA 中的戊糖是核糖，DNA 中的戊糖是 2′-脱氧核糖，其差别仅在于 2 号碳原子上少了一个氧原子。就是这微小的结构差别造成两者功能上的巨大差别，DNA 是生物体遗传信息的载体，而 RNA 就不是生物体遗传信息的载体。爻子的属性相同，若位点不同，也会造成结构的微小差别。例如 1-丁烯与 2-丁烯的差别仅在于双键在碳链中的位子不同，1-丁烯的双键在 1-2 之间，2-丁烯的双键在 2-3 之间。在某个社会团体中，其管理结构（位序）极少变动，但管理岗位上的负责人常常更换，这就是调节或更换爻子，因为即使是同性爻子，其属性也有差异。各个人的特长、能力的类型不同，若在适合他的位子上，就能发挥出他的最大能量；反之，其能量的发挥就不充分。每个管理岗位的效能都与整个团体效能息息相关，而每个管理位点的效能主要由其位点上爻子决定。团体中哪怕有一个位点的效能发挥不好，都会影响整体的效能。在拔河比赛中，队员不变，队员的排列不同，效能是不同的。战场上战斗队形的布阵是根据双方地形、武器、气候等等因素决定的，同是这支军队，布阵得当，胜利的可能性就大，反之，胜利的可能性就小。虽然布阵合理，将哪支（师、团、连、班）战斗队或哪些、哪个士兵安排到那个适合他们的岗位上，即将适合的爻子安排到适合该爻子的岗位上，对战斗力的强弱也是至关重要的。所以，既要会布阵，又要会用兵。企业也是如此，不仅机构设置要符合企业的运作规律，还要会用人。

3. 阴阳连体位序律

八卦（一维易序列）是单爻解读与连体解读辨析构成的序列整体阴阳合一体，单爻解读是阴子，连体解读是阳子，这就是阴阳连体位序律。在阴阳爻的排列中，不同的连体组合有不同的解读，而不同的解读决定了排序单位和总排序的结构和性质。伏羲创立的八卦用的是 3-1-8 连体组合，即以 3 个爻为一连体，并以 1 个连体为 1 个排序单位，总排序是 8 个排序单位。到了夏朝的《连山易》，将 2 个 3 连体重叠为 6 爻的卦，以重叠的 6 爻卦为一排序单位，总排序是 64 个单位，构成了 3-2-64 连体组合，这个排序组合就是《易经》。6 爻卦的解读有两个方面，首先是 2 个 3 连体组合成的排序单位的解读，其次是爻子在排序单位中的位序解读。每一个 6 爻卦，即每一个排序单位都是由内卦和外卦组成的，内卦（下卦）和外卦（上卦）都是 3 爻卦，即 3 连体。例如内卦为“乾”（由 3 个阳爻组成），外卦为“坤”（由 3 个阴爻组成），这 2 个 3 连体组合成的单位卦就称为“泰”卦，表示“泰和”、“很好”的意思。若内卦为“坤”，外卦为“乾”，这个单位卦就称为“否”卦，表示“分离”、“很不好”的意思。计算机内码是 8-2-n 连体组合，即一个连体 8 个爻子（码），由 2 个连体组成一个排序单位，共有 n 个单位。每个爻子或者为 0（阴子），或者为 1（阳子）。现在的计算机是 16 位码（0-F），即 16 个爻子，每 8 个码（爻）组成一个连体，2 个连体组成一个解读单位。生物遗传密码子的排序是 3-1-64 组合，每种氨基酸都是由 3 个爻子组成，共有 64 种氨基酸。在基因中，嘌呤和嘧啶的组合位序直接决定了基因组的性质和作用，嘌呤和嘧啶的组合与阴爻和阳爻的组合如出一辙。实际上，在所有的序列中都存在单爻解读与连体解读相结合及相嵌套的结构。例如，文字序列的解读，就是以单词（单字）解读为基础，以连体（句子）解读为主导的解读。文章的解读是多层嵌套的连体位序解读。对于基因组，若将单爻解读与连体解读相结合，那么一定会读出更丰富的内容。连体位序律是结构的普遍形式之一，广泛存在于许多事物中。

4. 纲举目张律

任何体系均由纲和目构成，纲举才能目张；目张，体系才能正常运转，这就是纲举目张律。64 卦是一个体系，它们并不是杂乱排列的，而是首先分为 8 个纲（宫），每纲 8 个目（卦），每目 6 个爻。64 卦中有 8 个经卦，即乾、兑、离、震、巽、坎、艮、坤，它们是纲卦。每个纲卦按一定规则生成 7 个目卦，每个目卦由 6 个爻组成。64 卦是一个大的体系，每个纲是一个中体系，每个目是一个小体系。

8 个纲卦也不是杂乱排列的，它们是有次序的：乾一、兑二、离三、震四、巽五、坎六、艮七、坤八。这个顺序称为纲卦序。纲卦序并不是随意规定的，而是由先天八卦图规定的。先天八卦图是根据方位而定的。令人惊奇的是，纲卦序与二进制数的顺序完全吻合。阳爻用“1”代表，阴爻用“0”代表。那么，一乾卦卦形是☰，换算成二进制数是 111（“111”称为乾卦的数字卦形），二进制数 111 换算成十进制数是 7. 纲卦共有 8 个，以 8 为模求补，8-7=1. 所以乾卦卦序是一。二兑卦卦形是☱，换算成二进制数是 110，再换算成十进制数是 6，再以 8 为模求补，8-6=2，所以兑卦卦序是二。三离卦卦形是☲，换算成二进制数是 101，换算成十进制数是 5，8-5=3，所以离卦纲卦序号是三。震卦卦形是☳，换算成二进制数是 100，换算成十进制数是 4，以 8 为模求补，8-4=4，所以震卦卦序是四。巽卦卦形是☴，换算成二进制数是 011，换算成十进制数是 3，以 8 为模求补，8-3=5，巽卦纲卦卦序是五。坎卦卦形是☵，换算成二进制数 010，再换算成十进制数是 2，再以 8 为模求补，8-2=6，坎卦卦序是六。艮卦卦形是☶，换算成二进制数是 001，再换算成十进制数是 1，再以 8 为模求补，8-1=7，艮卦卦序是七。坤卦卦形是☷，换算成二进制数是 000，再换算成十进制数是 0，再以 8 为模求补，8-0=8，所以坤卦纲卦序号是八。纲卦数字卦形与卦序以 8 为模求补后，完全符合二进制数、十进制数的顺序，这是令人震惊的。当初定纲卦卦序时，应该是不会想到二进制数、十进制数的，它是根据方位排出的卦序，却与二进制数、十进制数的数字顺序吻合，这真是一件奇妙的事。

纲卦序决定后，以纲生目。纲生目也是有规则的。每个纲卦生 7 个目卦。纲生目的第一规则是上位爻始终不变规则，也就是说，纲卦的上位爻是该纲的统帅，是纲中之纲。这里体现了变与不变的阴阳关系。除纲卦本身外，纲卦要生成 7 个目卦，将所生的前 5 个目卦称为顺生目卦（简称顺生卦），将后生的两卦称为反生目卦（简称反生卦）。第二规则是顺生卦规则：顺生卦从初爻位开始到第 5 爻位为止，每次向上位变该位上的爻，即阴爻变阳爻，阳爻变阴爻，每变一次生一个目卦。由于每卦只有 6 个爻位，上位爻不变，顺生变，只能从初位变到第五爻位，一共变生出 5 个目卦。这 5 个目卦是从纲卦开始，沿着圆弧向右排列，每 45°排一个目卦，排列到 135°止❶。将向右旋转的次序称为顺序，将向左旋转的次序称为反序。顺生目卦是顺序。第三规则是反生卦规则：反生卦有两个卦，它们反序排列。反序第一卦是顺序第七目卦，反序第二卦是顺序第六卦。反生卦不是从初爻位变，而是变第五爻位上

❶ 也可以将顺生卦沿着圆弧向左排列，这样排列出来的纲卦系统与传统的排列是相反的了。

的爻子。两个反生卦的外卦相同。反生第一卦的内卦与纲卦的内卦相同，反生第二卦的内卦与顺生第五卦的内卦相同。根据以上规则，就可以生出 8 个纲卦系统。现举例。

乾宫：纲卦是乾卦䷀，顺生卦：䷫，这是天风姤卦；䷠，这是天山遁卦；䷋，天地否卦；䷓，风地观卦；䷖，山地剥卦；反生第一卦（顺数第七卦）：䷍，火天大有卦；反生第二卦（顺数第六卦）：䷢，火地晋卦。

坎宫：纲卦是坎卦䷜，顺生卦：䷻，水泽节卦；䷂，水雷屯卦；䷾，水火既济卦；䷰，泽火革卦；䷶，雷火丰卦；反生第一卦（顺数第七卦）䷆，地水师卦；反生第二卦（顺数第六卦）䷣，地火明夷卦。

纲生目，有两个旋转方向，一是向右旋转，记为 G（+）；一是向左旋转，记为 G（-）。G（+）与 G（-）也构成了阴阳对，但这个阴阳对是不对称的。目卦卦序可用数字表示：G1（+）、G2（+）、…G5（+）、G1（-）、G2（-）.具体到每个纲卦系统，可采取纲卦卦序表示具体的目卦编号。如坎宫，其纲卦卦序是六，则它的目卦有如下记号：六 G1（+）、六 G2（+）、六 G5（+）、六 G1（-）、六 G2（-）等，纲卦本身记为“六 G”，即坎宫纲卦。

纲举目张阴阳律是重要的阴阳律之一，是任何组织开展运动的最重要规则，有无数的实例可证。

5. 观角阴阳律

同一个易序列，从不同的角度观察，会得到不同的解读，这就是观角阴阳律。例如以下易序列：䷦，从上往下看得到水山蹇卦，从下往上看得到雷水解卦。同一个易序列，得出两种不同的解读。蹇卦是“蹇利西南，不利东北，利见大人。贞吉”，而解卦是“解，利西南，无所往，其来复，吉。有攸往，夙吉”。蹇，是因为上有坎险，下有（艮）山阻。艮在东北，那里有阻碍你的东西存在，所以不能去那里。西南是坤，坤柔顺大度，有蹇难者，她会包容解困，助你脱险。第五爻位是君位，又是阳爻占据该位。这个君，是帮助解困的大人，你要去坤地寻找那位大人，那样就贞吉了。解卦是蹇卦倒过来的，险阻倒过来，困就解了。留在西南或去东北都行，因为险阻已消，去东北也无妨了。此卦上有雷震以动之，下有雨水以润之，万困已解，是吉的征兆。观察的角度不同，得到两种完全不同的解读，但两种解读之间也有一定的关系。观角律其实就是立场律，立场不同，看待同一个事物的结果完全不同。一场角逐结束了，胜者与败者的感受、评价完全相反。观角律遍布于人类社会中。

6. 时空阴阳位序律

卦宫中的位点是由时空合为一体的圭位点构成的，卦在卦宫中的循环运行，是卦在圭位点序列中的运行，是时空同时变化的运行，这就是时空阴阳位序律。将由某单位时刻点与某单位空间点联合构成的位点，定义为时空单位，并将这个单位称为圭位。圭位是由时间单位与空间单位辨析构成的不可分割的阴阳合一体，时间是阴子，空间是阳子。卦宫是个圆形排列的图，4 条直线将圆分为八个等分，每个分点都对应着一个圭位，而这个圭位既是空间点又是时间点，即时空合一点，这个点就是圭位点。八卦卦宫图中，由东方与春季辨析构成的位点是东春圭位点（震圭点）；由南方与夏季构成的位点是南夏圭位点（离圭点）；由西方与秋季构成的位点是西秋圭位点（兑圭点）；由北方和冬季构成的位点是北冬圭位点（坎圭点）；四隅上也有相应的圭位点：东南春夏间圭位点（巽圭点）、西南夏秋间圭位点（坤圭点）、西北秋冬间圭位点（乾圭点）、东北冬春间圭位点（艮圭点）。64 个卦分为八个宫，每个宫八个卦，每个卦在卦宫中占据一个分点。这样，每个卦宫有 8 个圭位，8 个卦宫合计就有 64 个圭位。不同的卦（每个卦代表着不同事物的不同状态）就在 64 个圭位序列中不停地运动着。时空一体性概念，中国古人中很早很早就产生了，在八卦诞生前的河图和洛书中，就含有时空一体性概念。“圭”字是由“卦”字去掉“卜”而得到的。圭也是中国古代测量日影长度（它代表时间）和方位（它代表空间）的仪器。地球上的圭是由地球在宇宙中的位子决定的，即由地球的自转和公转、太阳的自转和公转、银河系的自转和公转等本动与共动的位子（圭位）联合决定的。度量圭位可以选择一个相对起始点。天地旋转与四时流变始终是不可分割地连为一体的，❶ 万物顺时空变易而生、发，逆时空变易而衰、亡。人法地，地法天，天法道，道法自然，顺昌逆亡，万古之秩序。

---

❶ 八卦中时空一体性的更精彩论述见：甘开万．易之启示［M］．武汉：武汉出版社，2008．

圭位不是笔者随意杜撰的概念，它对地球的一切存在物的影响是真实存在的。地球上的每个空间位点，每时每刻都受到来自其他星球的引力和太空粒子的辐射，尤其受太阳和月球的影响最大。太阳黑子活动年，地球上每个时空位点都受到极大的影响，太阳耀斑大爆发，甚至会使地球上的无线电信号失灵。这些引力变化和辐射对人的影响往往被人们忽略了。地球内部的岩浆活动每时每刻也没有停止过，剧烈的岩浆活动会引起地磁的变化。火山爆发不是突然发生的，而是岩浆较长时间活动积累的结果，许多动物能感觉到来自地下的岩浆剧烈活动的情况而发生恐慌，只是人感觉不到岩浆活动的影响而已。再说地球表面的剧烈变化也无时无刻不在进行着，尤其大气、水汽的变化对地球上每个时空位点都有极大的影响。来自地球外部、内部和表面的变化，对地球上每个时空位点都有极大的影响，这就是提出圭位概念的意义。一个人某日某时在深圳的状态与同一日同一时在纽约的状态是不可能相同的，或者一个人春节在深圳的状态与夏至在深圳的状态也是不可能相同的。在地震等自然灾害中，在火灾、坍塌等事故中，每个人所处的圭位不同，其后果天差地别，处于有的圭位必死无疑，处于有的圭位重伤致残，处于有的圭位安然无恙。这里既不能只看空间位子，也不能只看时间位子，而必须看圭位。这都说明，时空是不可分割的。时空的不可分割性正是爱因斯坦时空观，而不是牛顿时空观。

时空一体性在宇宙学、航天工程等领域是不可或缺的概念，其实在民众的日常生活中也是不可或缺的概念。人们在运用着时空一体性概念，却没有从理论上觉察到圭位概念。例如，运动员在赛场上发挥得如何，演员在舞台上表演得如何，主持人主持得如何，不仅受到其自身的生理影响，还受到圭位对他们的影响。在工程事故、交通事故等事件中，圭位也是不可或缺的概念。我们每人每天每时每刻的状态都不同，我们在不同地方的状态也是不同的，这些都是不同的圭位对我们的影响。所以，有些事情现在能完成的就应该完成它，不要拖到以后去完成。也有相反的情况，例如有些难题现在解不了，那就过一天或几天甚至过几个月再解答它。在这段时间里，要经常思考它，也许某个圭位发挥了作用，这个难题就豁然洞开了。人们都知道人的状态是不断变化的，但人们通常只理解为自身生理上变化的缘故，而没有认识到圭位的作用。其实，人的状态是由生理变化与圭位变化共同作用的结果。当我们从理论上认识到这一点后，就会自觉地调整和把握自己的状态。所以，我们要顺时空而运作，切莫逆时空而盲动。

7. 三维易体

前面介绍了八卦的一维链状结构、二维的平面（卦宫）结构，这两种结构，以往的经典著作中都有详细介绍和解读。但 64 卦还构成了三维的立体结构，这是以往的易学家们没有发现的。

八卦中有倒排列关系，这个关系将两个卦连接在一起。将由倒排列构成的两卦的关系称为键结，给键结一个符号“∩”。例如一 G1（+）䷫，这是乾纲系的天风姤卦；若倒过来看，就是䷪，这是泽天夬卦，它是坤纲系的顺生第五卦，即八 G5（+）。这样，一 G1（+）与八 G5（+）就键结起来了。笔者发现，乾纲与坤纲的顺生目卦都是倒排列关系，而且是反向的，即 1 与 5，2 与 4，3 与 3，4 与 2，5 与 1 相关的。我们得到如下 5 个顺生键结，或称偶极：

	1	一 G1（+）䷫天风姤	∩	八 G5（+）䷪泽天夬	5	
	2	一 G2（+）䷠天山遁	∩	八 G4（+）䷡雷天大壮	4	
一(乾)	3	一 G3（+）䷋天地否	∩	八 G3（+）䷊地天泰	3	八(坤)
	4	一 G4（+）䷓风地观	∩	八 G2（+）䷒地泽临	2	
	5	一 G5（+）䷖山地剥	∩	八 G1（+）䷗地雷复	1	

将纲卦乾与纲卦坤通过键结而形成的关系称为乾坤纲，或称天地纲，或称乾坤钹。

反生目卦又有不同的键结：

乾宫反生第一目卦一 G1（-）与离宫反生第一卦三 G1（-）相键结；乾宫反生第二卦一 G2（-）与坎宫反生第二卦六 G2（-）相键结。反数第 1 卦是顺数第 7 卦，反数第 2 卦是顺数第 6 卦。乾坤纲反生目卦键结如下：

一(乾)	反 1	一 G1（-）䷍火天大有	∩	三 G1（-）䷌天火同人	三(离)	反 1
一(乾)	反 2	一 G2（-）䷢火地晋	∩	六 G2（-）䷣地火明夷	六(坎)	反 2
八(坤)	反 1	八 G1（-）䷇水地比	∩	六 G1（-）䷆地水师	六(坎)	反 1
八(坤)	反 2	八 G2（-）䷄水天需	∩	三 G2（-）䷅天水讼	三(离)	反 2

由反生键结发现，乾纲不仅与坤纲发生顺生键结，也与坎纲、离纲发生

反生键结。这样乾、坤、坎、离就结合在一起了。那么，坎纲与离纲是否也有顺生键结关系呢？情况正是如此。离坎纲顺生键结如下：

	1	三 G1（+）䷷火山旅	∩	六 G5（+）䷶雷火丰	5		
	2	三 G2（+）䷱火风鼎	∩	六 G4（+）䷰泽火革	4		
三(离)	3	三 G3（+）䷿火水未既	∩	六 G3（+）䷾水火既济	3	六(坎)	
	4	三 G4（+）䷃山水蒙	∩	六 G2（+）䷂水雷屯	2		
	5	三 G5（+）䷺风水涣	∩	六 G1（+）䷻水泽节	1		

离坎纲反生键结如下：

三(离)	反 1 三 G1（-）䷌天火同人	∩	一 G1（-）䷍火天大有	一(乾)	反 1
三(离)	反 2 三 G2（-）䷅天水讼	∩	八 G2（-）䷄水天需	八(坤)	反 2
六(坎)	反 1 六 G1（-）䷆地水师	∩	八 G1（-）䷇水地比	八(坤)	反 1
六(坎)	反 2 六 G2（-）䷣地火明夷	∩	一 G2（-）䷢火地晋	一(乾)	反 2

将纲卦离与纲卦坎通过键结组建的关系称为离坎纲，或称水火纲。

乾坤纲与离坎纲，通过反生目卦又连接在一起，形成一个立体结构，将这个立体结构暂且称为乾坤离坎团，或称天地水火团。

乾坤纲有 5 个顺生键结，但它们是反向键结的。5 个反向平行的键结构成两条相互连接的键绳。由于乾坤性质相反，它们之间具有强大的互偶力，这个互偶力将键绳扭曲；离与坎也有 5 个顺生键结，也是反向的，它们也有反向平行的被扭曲的键绳。在这个立体结构中，就有两条扭曲的绳子。两对反生键结，将乾坤纲和离坎纲连接起来。两个纲之间也有互偶力，而且力量更大，将已经扭曲的绳子进一步扭成更高一级的空间结构。这里，看到了八卦立体结构与 DNA、蛋白质空间结构的摹写。

与乾坤离坎团类似，震巽兑艮四个纲卦也组建了一个团，称为震巽兑艮团，或称风雷山泽团。巽艮纲顺生键结如下：

	1	五 G1（+）䷈风天小畜	∩	七 G5（+）䷉天泽履	5	
	2	五 G2（+）䷤风火家人	∩	七 G4（+）䷥火泽睽	4	
五(巽)	3	五 G3（+）䷩风雷益	∩	七 G3（+）䷨山泽损	3	七(艮)
	4	五 G4（+）䷘天雷无妄	∩	七 G2（+）䷙山天大畜	2	
	5	五 G5（+）䷔火雷噬嗑	∩	七 G1（+）䷕山火贲	1	

巽艮纲反生键结：

五(巽)反 1　五 G1（-）䷑山风蛊　∩ 四 G1（-）䷐泽雷随　四(震)反 1

五(巽)反 2　五 G2（-）䷚山雷颐　∩

四(震)反 2　四 G2（-）䷛泽风大过 ∩

兑震纲顺生键结：

	1	二 G1（+）䷮泽水困 ∩ 四 G5（+）䷯水风井	5	
	2	二 G2（+）䷬泽地萃 ∩ 四 G4（+）䷭地风升	4	
二(兑)	3	二 G3（+）䷞泽山咸 ∩ 四 G3（+）䷟雷风恒	3	(震)
	4	二 G4（+）䷦水山蹇 ∩ 四 G2（+）䷧雷水解	2	
	5	二 G5（+）䷎地山谦 ∩ 四 G1（+）䷏雷地豫	1	

兑震纲反生键结：

二(兑)反 1　二 G1（-）䷵雷泽归妹 ∩ 七 G1（-）䷴风山渐　七(艮)反 1

二(兑)反 2　二 G2（-）䷽雷山小过 ∩

七(艮)反 2　七 G2（-）䷼风泽中孚 ∩

风雷山泽团内部结构与天地水火团几乎相同，但有一点差别：它们的反生第二卦（顺数第六卦）之间不能形成键结。天地水火团中的反生第二卦的键结是协同结，协同结是同性爻子的结合。同性爻子协同是为了抗拒外来压力的。天地水火团通过两对反生协同结形成抵抗外力的机制。而风雷山泽团由于反生第二卦不能形成键结，就难以抵抗外来压力。由此，将乾坤离坎团称为易紧团，将震巽兑艮团称为易松团。如果将八宫六十四卦视为一个整体，那么它们分成两个不对称的团，一个紧团，一个松团。松团内力虽然没有紧团大，但它更为活跃。

紧团与松团初看上去没有关系，这不符合阴阳之理，其实它们是有联系的。其联系在于松团的没有键结的反生第二目卦，只要将此目卦用互卦方式互出卦来，就将两个团联系在一起了：震纲卦的四 G2（-）泽风大过卦形是䷛，可以互出☰乾纲卦。巽纲卦的反生第二卦五 G2（-）䷚是山雷颐卦，它可以互出☷坤纲卦。将用互卦相连接的方式称为互结方式。松团通过互结方式将自己与天地水火团联系在一起了，使得整个 64 卦形成一个整体，而且乾坤两纲卦也成为了风雷山泽团的统帅。

至此，我们建立了64卦的三维立体结构，将这个结构暂且称为易双体结构，简称易体。易体由两个团构成，一是易紧团（天地水火团），一是易松团（风雷山泽团），两个团通过互结方式相连接；每个团由两个钹（钹，类似半球状，紧团的是乾坤钹和坎离钹，松团的是巽艮钹和震兑钹）构成，其中一个是主易钹，一个是次易钹。两个易钹通过反向键结或互结方式相连接；每个易钹由两个纲构成，一个是阳纲，一个是阴纲，两个纲通过顺向键结相连接，形成反向平行的两条键带；两条键带被阴阳两纲之间的互偶力扭曲成键绳，键绳还被两个易钹间的阴阳互偶力进一步扭曲、折叠；易体有总的统帅，那就是乾坤两卦，将乾坤卦称为帅卦。帅卦既是天地水火团的统帅，通过互结，也是风雷山泽团的统帅；两帅卦一阴一阳，一刚一柔，刚柔相济，推动整个易体的运动。当笔者建立易体三维结构后，笔者被我们先祖的智慧惊呆了：64卦有如此严密的整体结构和内部结构，而且每级结构都是由阴阳两种成分构成的，刚柔相济，阴阳互动，是易体的总机理，也是宇宙的总机理。笔者曾想过，宇宙是否由两个团构成的，笔者的这个猜想在第一章第一节“伏羲宇宙模型”一文中已有表述。

阴阳位序结构律是对宇宙、生物界、人类社会、人体内部等系统组织构造的稳定存在的摹写，具有明显的对应关系。一个开放系统的组织是由其内部的定序与不定序辨析构成的，定序是阴子，不定序是阳子。有序才能构成系统，构成统一的体系，才能形成太极。从宇宙尺度到微观尺度，无一不是有序构成的包括许多层次的统一体系。无序则不能构成系统，就不能形成太极。在人类社会系统中，位序无疑是最重要的特征，无序就不能组成家、集体、国家，乃至整个人类社会。位序，还意味着秩序，意味着制度，意味着管理。没有规矩，不成方圆。阴阳位序结构律是阴阳律的最重要规律之一。

第二节　变化性阴阳律

将同一类型、同一级别的关系称为配面。配面还指我们分析问题的角度、判断的标准等。将同配面的异性爻子汇合的场所称为阴阳场，例如，化学反应筮、电场、磁场、相亲场所、招聘场所、招生场所等。变化性阴阳律是探索阴阳相互作用规律的学说。

一、易之不易律

“刚柔相济，变在其中”，由阴阳构成的万事万物都处于永恒变化之中，永恒变化是不变的规则，这就是易之不易律。阴子与阳子之间存在不同性质的相互作用力，就是这些力推动着阴阳相互作用、相互运动。易的本义就是变，永恒之变又体现了不变的道理。易道就是研究变与不变的规则的，所以，易道本身就体现了变（易）与不变（不易）的阴阳合一性，不变是阴子，变是阳子。易之不易律是阴阳变化律最基础的规律之一，其他变化律都是建立在易之不易律基础之上的。

二、同性爻子争偶律

在阴阳配偶力的驱使下，同配面的同性爻子在同一阴阳场中为争夺异性配偶产生竞争，竞争的结果视配偶制、爻子魅力及异性爻子的数量而定，这就是争偶律。配偶制大体有：一对一配偶制，例如一夫一妻制；一对多配偶制，例如，一夫多妻制、一妻多夫制；多对多配偶制，例如，多夫多妻制，它又可称为混偶制。爻子魅力在争偶活动中的作用十分关键。争偶律在化学反应、动物求偶、人类社会经济等活动中都表现得非常充分。

三、新生事物发生律

老子在《道德经》第 42 章中说：“道生一，一生二，二生三，三生万物”，“冲气以为和”。笔者将老子的上述论断命名为“新生事物发生律”，或直接命名为“一二三万律”。现翻译如下：在道内部（或者说在系统内部）当发生了某一概率事件时，道就同时产生了某类阴阳二气，阴阳二气经过“冲气以为和”的冲和反应，就生出了一个新的事物，这个新生的物相对于阴阳二气，它是第三个物；不同的概率事件，道会产生不同的阴阳二气，不同的阴阳二气经过不同的冲和反应就产生了不同的新生物；许许多多不同的概率事件，道就产生了许许多多不同的新生事物；许许多多不同的新生物，组成了万物，组成了世界。

也就是说，此处的“道”指本体，或曰系统；“一”指某一概率事件——笔者将其称为“概一”；“道生一”是说，在道内部，或者说在系统内部，发生了某一概率事件；“二”指阴阳二气；“一生二”是说，在某一概率事件下，道就生出了阴阳二气；“二生三”是说，阴阳二气通过“冲气以为和”的反应，生出了一个新的物；“三生万物”是说，不同的“概一”，道会生出不同的阴阳“二”气，不同的“二”气经过不同类型的冲和反应会生出不同的“三”（新物），许多不同的“三”（新物），即许多不同的新物就组成了万物。笔者将以上的过程称为新生事物发生律。它既是阴阳诞生的规律，也是万物产生的规律。

以上仅是笔者个人的观点，笔者的一孔之见与包括当代在内的中国历代《道德经》注释家的注释都不完全相同。它是我从阴阳论的运用中悟出来的。主要的不同有以下几点。

第一，对“道”“太极”的理解不完全相同。中国历代儒家学者都将道或太极理解为宇宙最原始的本原，笔者并不反对这种观点。在《道德经》中，老子提到的道就有几种内涵。李世东等在《老子文化与现代文明》一书中指出有母体道和规则道两种含义，笔者认为，还应将道或太极理解为系统。系统是有层次的，系统有大有小，大系统中包含次大系统，次大系统中包含着中系统，中系统中包含着次中系统，次中系统中包含着小系统，小系统中包含着次小系统，等等，层层往下得到向下的多层次的巨系统；层层向上又得到向上的多层次巨系统，上归到最后，就是最大的系统，那个最大系统就是宇宙的本原，就是以往的中国哲学家们认定的道或太极，就是母体道。可以说，笔者的孔见扩充了对道、太极的理解。这个扩充打破了对道、太极的神秘感，道、太极的概念不再虚无缥缈、不可捉摸，它就在我们的身边。这为道、太极的运用展开了最宽阔的应用天地。

第二，对“道生一，一生二”中的“一”的理解不同。中国历代儒家学者都将这里的“一”理解为“道”或“太极”，如果这样理解的话，“道生一”就是“道生道”，这显然是不合适的。《道德经》中的确有将“一”视为“道”的语句。但是，《道德经》中的“一”不仅仅只有“道”这一种含义，例如“三十辐共一毂”“人居其一”等句中的“一”，就不是道的含义。也有学者（庄子、李道纯、赵志坚等）将这里的“一”理解为一气、元气。但一气、元气是什么？恐怕又要循环注释，最终还是得不到解释。儒家认为，“易有太极，是生两仪”（两仪指阴阳），似乎“一生二”，太极生两仪是无条件地自然发生的事，这其实大谬。笔者在运用阴阳论时体会到，太极生两仪并不是无条件地自然发生的。没有条件，太极是生不出阴阳两仪的。这个条件就是“道”生的那个“一”，笔者称之为的“概一”，即道内部发生了某一概率事件、一个条件等。笔者在运用阴阳辨析时，一步也离不开那个“一”，这个“一”在笔者这里就是辨析尺度。离开了辨析尺度，就无法生出“二”个阴阳爻子。在阴阳辨析运用中，“一”就是一个辨析尺度、一个分析角度、一个基准、一个维度。你不能在同一分析角度同时用两个或更多的尺度。这一辨析尺度就是“概一”的外延之一。在宇宙演化中，如果没有发生某一概率事件，宇宙就不能演化，就会保持原样。在生物进化中，如果没有发生某一巨变（概一），生物就不会进化，那个巨变就是条件，就是那个概一。有了“概一”条件，事件、宇宙才能演化，生物才能进化，人类社会才能进步。在人类社会中，如果没有概一事件，社会就不会产生新的社会形态。

概一是从哪里来的？“道生一”，概一是道生的。因为道是本体，是系统，概一事件是道内部产生的，具体来说，是道内部的阴阳爻子相互作用的结果，这就是老子说的“反者，道之动”，道的运动产生了概一。概一体现的是偶然性。这个偶然性是道的属性之一，它与必然性一起，共同存在于道内部。道内部的必然性表现为，一生二，二生三，三生万物，体现了“生”。“生”就是指规律性、必然性。有了概一（偶然性）事件的发生，才有一生二、二生三、三生万物的必然性过程的发生。我们知道，万物生于有，有生于无，无有相生的关系是道的基本属性之一。而“概一”与“生”的关系，即偶然性与必然性的关系同样是道的基本属性之一。科学追求的主要内容是必然性，但任何科学都不得不面对偶然性。“概一”与“生”是任何科学研究的全部。

第三，对“二生三”的理解不同。中国哲学家对“二生三”的理解很不一致，在笔者看来，大多也不得要领。“二生三”的原因是老子说的“冲气以为和”，这一点大家并无不同认识。关键是怎么理解“冲气以为和”。笔者认为，它应理解为“冲和反应”：阴阳二气进行了恰当、充分的偶合或交合产生了“和”的反应，这个“和”就是新生的事物，即冲和反应的产物。

冲和反应有两种形式，一是偶合，二是交合。同配面的阴子与阳子通过偶合或交合，就产生出一个新生的事物，通过偶合形式产生新物的过程称为阴阳上生过程；通过交合形式产生新物的过程称为阴阳下生过程。因此新生事物发生律就分阴阳上生律和阴阳下生律。老子提出的“一二三万律”概括了万事万物诞生的规律，真是不可思议的。

1. 阴阳偶合上生律

同配面异性爻子在同一阴阳场中经过与同性爻子的竞争，在某些条件的满足下，特定的两个异性爻子相互结成配偶对，偶合为一个特定的阴阳合一体，这个阴阳合一体是一个新组建的易极，这个易极就是一个新生的事物。这个过程就是阴阳偶合上生律。这个合一体是新建立的易极，这个新的易极成为原来两个异性爻子的上级易极。易极中的爻子称为配子，分别有阴配子和阳配子。阴阳上生律又可称阴阳上归律。所谓上生，是指阴阳配偶成功后，建立了一个高于自己的上级易极，而这个上级易极原来是没有的，是配偶成功后建立的新的易极。新易极的建立是一次质变，不能将质变后的新易极理解为组建新易极的原来两个异性爻子的线性叠加。新易极中的两个配子之间的关系是你中有我、我中有你的非线性关系。

由阴阳上生的配偶对是个新生的事物，它遍布于各个系统中，尤其在人类社会系统中。人们最熟知的是家庭，它是由适婚男女配对而建立的。建立家庭后，这个家是他们两个人的家，而不是一个人的家。向极力与背极力[1]在这个家庭的配偶之间都存在。家庭的共同利益既是个人的利益，也不全是个人的利益，因为共同利益中不仅包含夫妻两个人的利益，而且包含家庭中其他人的利益。所以，新建立的这个上级易极与原来的两个爻子不是一加一等于二的线性关系，而是大于二的关系。一个公司诞生了，因为它是创建人与新招来的员工共同组建的，所以，就不能将公司的利益都视为创建人的个人利益，而应是公司全体人员的共同利益。虽然共同利益的分配是不均等的，

[1] 见本书第三章。

但全体人员都依靠这不均等分配的利益而维持生计。所以，公司的共同利益不等于创建人个人的利益。在公司中，两种性质相反的阴阳力都同时存在，这些力相互作用，决定着公司的存在状况。

新易极的建立不仅仅限于利益问题，还意味着两个配子在性质、运动方式等方面得到重塑。配子重塑对于配子的存在和发展都至关重要。仍以夫妻为例。结婚后，无论丈夫或妻子都必须调整原来独身时的生活习惯、饮食结构等；性格、脾气、行为方式等也必须作出调整；在人际关系上，例如与双方的亲人、亲朋好友，甚至邻里关系等，也要作出调整；在事业上，也必定有所调整，等等。从孤子不稳定性看，结婚对于人的成长和成熟都至关重要，其重要性就在于性质、运动方式等重要方面得到重塑。为什么说配子的性质得到重塑？这里的性质不仅指性格、脾气，而且更主要的是自身的生命性质得到改变。例如，他们要交合生子，延续自己的生命，这是孤子不可能达到的生命的目标。生子后，夫妻二人的生存目标也必将重塑。2015 年 3 月 30 日晚，笔者在深圳某公园健走时，无意中听到一个大龄女青年用手机跟她的男朋友对话。她说："我希望你能为了我而改变……"她对她的男朋友提出了结婚后需要对方重塑的要求。夫妻之间自觉或不自觉地进行配子重塑，是必然会发生的。又如，公司创建人与新招来的员工组建了新的易极。这个新的易极对于两个配子的性质也将进行重塑。创建人的事业由此开始，他的人生价值由此开始展现，而这种价值以属于他自己特有的内涵和形式展示出来。如果他不进入这个配偶对，那么他的生命在这方面的社会价值就无法得到展示。公司员工的性质也将得到重塑。员工虽然不是优势配子，但他的人生价值也是从这个新的易极中开始展现的。他在新的易极中学习和增长新的知识、技能，提高适应环境的能力等，还要积累财富、人际关系和信息资料等，而这些知识、技能和积累对于他的人生具有极大的意义。如果他不进入新易极，以上一切就无从谈起，他的人生价值也无法得到展示。爻子驱配，建立配偶对，使配子得到重塑，这是天道，是自然之道。关于配子重塑还有继续研究的必要。

通过阴阳偶合所产生的新生事物，遍及物质系统、生命系统和人类社会系统。

2. 阴阳交合下生律

阴阳配偶进行阴阳交合，在满足一定的条件下，会有新的物孕育出来，又在满足有关的条件下，孕育过程结束后，会有新的物产生出来，产生一个新的次级易极，这就是阴阳交合生子律，或称阴阳交合下生律。这个交合新生物既含有父母的某些特性，又有不同于父母的特性，它是一个全新的事物，一个新的易极。有性繁殖的所有生物都是依靠阴阳交合生子律而延续物种的，所有化合物的形成也是被阴阳交合生子律主导的。

所有的新生事物要么由阴阳偶合而生，要么由阴阳交合而生。由阴阳交合产生的次级易极称为下生易极，由阴阳偶合产生的上级易极称为上归易极。偶合新生物是快速产生的，而交合新生物通常有一个时间相对较长的孕育过程。化合反应时间有时较长，有时较短。而动物繁衍过程时间就更长了，通常有一个孕育、新生、发育到成熟的过程，即有一个《易纬·乾凿度》指出的“有太易，有太初，有太始，有太素。太易者，未见气；太初者，气之始；太始者，形之始；太素者，质之始”的过程。

四、优势配子主导律

阴阳的不对称性是阴阳关系的一个极重要的特性。阴阳是不对称的，是分主次的。易极内的阴阳配子势力是此消彼长的，有时阴配子势力占优势、占主流；有时阳配子势力占优势、占主流。将占优势、占主流的配子称为优势配子。将与优势配子阴阳相对的配子称为基础配子。这样，易极就由优势配子与基础配子辨析所构成。基础配子是易极存在的基础，如果没有基础，易极也将不能存在。优势配子是易极的主导，易极的性质及易极的运动方向都是由优势配子决定的，这就是优势配子主导律。邵雍在《观物外篇》中写道：“阳以阴为基，阴以阳为唱。”其指出易极以阴配子为基础，以阳配子为倡导（主导）的普遍规律。这也与毛泽东在《矛盾论》一书中的观点是一致的。毛泽东认为，事物的性质是由主要矛盾方面决定的，而笔者认为主要矛盾方面就是优势配子。

易极内阴阳配子的势力通常是此消彼长的，不会始终停留在某一种状态下。但阴阳势力的此消彼长有量的差别和质的差别的不同。如果两者的势力差别没有发生质的改变，则原来的优势配子就仍然是优势配子，原来的基础配子仍然是基础配子。如果在此消彼长中，双方的势力强弱发生了质的改变，则原来的基础配子成为优势配子，原来的优势配子成为基础配子。但如邵雍所言，在通常情况下，阳配子始终是优势配子，只有极少数情况下阴配子是优势配子。所以，在一般情况下，我们将阳子视为优势配子，将阴子视为基础配子。

优势配子主导律还有其他别称，如核幔律、基导律等。在有组织结构的易极中，优势配子律又可称作核幔律。桃子有核，其果肉果皮就是幔。地球有地核和核以外的幔。原子有原子核和核外电子，细胞有细胞核和核外物质，太阳系的核是太阳，行星和卫星是幔。国家的领导及领导集团是国家的核，其他都是幔。社会组织的领导及领导集团是它们的核，其他成员是幔。核是优势配子，它决定了易极的性质，即决定了事物的性质；幔是基础配子。

优势爻子主导律遍布实际事物中。正因为优势爻子具有决定意义，所以人们在对待事物时将主要精力集中在优势爻子上就毫不奇怪了。原子核是原子的优势爻子，它决定了原子的性质和原子的运动方向。电子是其阴配子，是原子的基础配子。基础配子当然也重要。失去电子的原子成为离子，离子是孤子。在这里，离子因为失去了电子而成为极不稳定的孤子。原子间可以交换电子，交换电子后的原子的性质并未发生根本改变。优势爻子原子核却不能交换。如果原子核交换了，那么原子的性质就变了。原子核的运动方向还决定了原子的运动方向，而其配偶电子却不能主导原子的运动方向。物质的秘密就藏在优势配子原子核里，核能专家们由此在原子核上大做文章。他们从事原子核的分裂或聚合等研究，以获取原子核中蕴藏的巨量原子能或特殊性质的射线。核裂变技术已经取得了惊人的成就，原子能发电、原子弹研制成功、射线治疗等就是其杰出的代表性成就；核聚变技术的发展前景比核裂变技术更为辉煌。蛋黄的性质决定了蛋的性质，蛋黄的状态变化决定了整个蛋的状态变化。细胞核是细胞的优势配子，它决定了细胞的性质和细胞的运动方向。生物体生命的全部秘密都藏在细胞的优势配子细胞核里。生物学家们，尤其是分子生物学家们正如火如荼地在细胞核上大做文章，并且已经取得了许多令人瞠目结舌的成就。克隆羊、克隆猴等已经来到人间。克隆技术正大行其道，改良物种呈喷发趋势。杂交、基因重组等理论和技术的涌现，是我们这些外行所匪夷所思的。袁隆平在笔者的印象中就是神一样的一位巨人。笔者想，分子生物学家们根据阴阳律，他们或许会发现新的基因理论及基因技术的新方向及手段。反过来说，根据基因学及基因重组、基因治疗等理论和实验，或许也会发现新的阴阳规律。太阳系的核是太阳，太阳决定了太阳系的性质和太阳系的运动。现在人类还无法对太阳系的任何成员施加任何有意义的宏观作用，人类只求能适应太阳系成员的变化而自足。当然，太阳系仅是庞大银河系中几乎微不足道的一员，它被银河系极其巨大的力量裹挟着。这些都是人类还未知的领域，我们还无法用哲学去解释其细节。人类社会的细胞是家庭，家长是家庭的优势配子。家长的聚财能力是家庭经济状态的决定因素。家长的信仰对其配偶及其子女的信仰往往具有决定性的影响。家长对国家现状的评价对其配偶及其子女对国家现状的评价具有决定性影响。家庭出逆子也是有的，那是家长的失职所导致的。失职或许是因为家长教育的方式方法与其子女的性格特质不匹配，或许是家长疏于管教而造成的。社会组织的领导班子是该社会组织的优势配子，组员是其基础配子。优势配子决定了该社会组织的性质、实力和运作方向。领导班子的决策及决策的执行直接决定了该社会组织的生存状态。领导班子本身也是一个易极，其第一实际领导人是领导班子的优势配子。实际领导人对于决策制定及执行具有决定性影响。企业领导人的领导能力直接决定了该企业的生存和发展。以上以事实证明了易极的优势配子对于易极的主导作用。

优势配子主导律遍布所有事物，对于分析事物、把握事物具有极大的意义。经阴阳辨析，辨析出阴阳配子后，首先要关注的阴阳关系就是优势配子与基础配子的关系。找出了优势配子，就找到了事物的本质；优势配子的运动方向就是该事物的运动方向；把握了优势配子，就把握了该事物。所以，优势配子主导律也是认识规律，且是最重要的认识规律之一。

优势配子主导律在黑格尔辩证法中没有对应的规律。这不是黑格尔的疏忽，而是对立面学说本身固有的缺陷所致。对立面学说或矛盾学说中的对立面双方是不分主次的，而阴阳学说中的阴阳双方是不对称的，是有主次之分的。

五、渐化顿变阴阳律

阴阳相互转化，转化必定是由渐化到顿变的过程，这就是渐化顿变阴阳律。阴阳不但相互依存而且相互转化。“变，言其著；化，言其渐”（张载《易说·乾卦》），显著的变化称为“变”，细微的变化称为“化”，这就是渐化与顿变的含义，所以，“变化”一词本身就是渐化顿变的表述。

阴阳相互转化是从渐变到骤变的过程。春秋时期的《管子》曰：“革物当以渐。”庄子（约公元前369—前286年）在《庄子·秋水》写道：“物之生也，若聚若驰。”韩非子（约公元前280—前233年）认为，事物的变化“皆非一日之积也，有渐而以至也。”王充（27—97年）认为，事物的生长、发展都不是“卒成暴起”，而是“皆有浸渐”的过程。范缜（约450—约510年）的《神灭论》曰：“有忽（骤）有渐物之理也。”张载（1020—1077）的《正蒙·神化》曰：“化而裁之谓之变，以著显微也。”朱熹（1130—1200）曰：“化则渐渐化尽，以至于无。变则骤然而长。变是自无而有，化是自有而无。”❶渐化是量的积累过程，是阴子与阳子的势力此消彼长的动态过程，此消彼长的积累达到一定程度，就会发生顿变。顿变是骤然而变，是极快速地变化，是阴阳极性的骤然反转，是质的变化。朱熹还将老子的有无相生的发现纳入渐化顿变律（也可称为渐骤律）中，就更丰富了此律的内容。

老子根据阴阳互转的规律，给人们提示了很多值得注意的现象，并对人们的思想和言行提出了忠告。《道德经》第22章指出：“曲则全，枉则直，洼则盈，敝则新，少则得，多则惑。是以圣人抱一为天下式。”“不自见，故明；不自是，故彰；不自伐，故有功；不自矜，故长。夫唯不争，故天下莫能与之争。古之所谓‘曲则全’者，岂虚言哉？诚全而归之。”《道德经》第24章指出：“企者不立；跨者不行；自见者不明；自是者不彰；自伐者无功；自矜者不长。”《道德经》第58章指出：“祸兮，福之所倚；福兮，祸之所伏。”这些论述对人们有极大的警示作用。在顺利、成功时，不能忘乎所以，否则不久灾祸将至；在困难、失败时，要不失信心，要“图难于其易，为大于其

---

❶ 《朱子语类》。

细”，这样做，成功也就不远了。

六、易极状态律

易极的状态由易极中配子之间的向极力与背极力相互作用的强弱比例状态所决定，这就是易极状态律。在易极内，有方向相反的两种力相互作用着，一是由配子互偶、互需、互补性产生的互需补力，使配子间产生团聚力、向心力（统称向极力）；二是由配子的性质相反性导致的差异力而产生的配子间的分散力、离心力（统称背极力）。两种方向相反的力彼此相互作用，它们相互作用力的此消彼长，使易极保持在某种状态中。在原子中，正负粒子的电磁性互偶力产生了向心力，电子的高速旋转产生了离心力，向心力与离心力相平衡，使原子保持大致平衡的状态。在太阳系中，太阳与行星的相互引力与行星高速旋转所产生的离心力达到平衡，使太阳系保持稳定状态。在人类家庭中，夫妻之间互偶、互需、互补产生了团聚力、向心力；男性与女性的特质差异如果处理不当，就会产生离散倾向。

互需互补越全面、越深入、越充分，向极力就越大；反之，向极力就越小。如果夫妻之间相互包容力度越小，那么差异力就越大，背极力就越大；反之，相互包容力度越大，分散力、离心力就越小。在国家与其公民间、公司领导与其员工间，如果相互理解、相互关切、互利共力，则向极力就大，易极的能量就大，在与其他易极的竞争中就处于有利地位。如果占据主导地位的优势爻子包容力度小，极力挤压弱势方的地位和利益，那么必然使团聚力减小，使背极力增加，则整个易极的能量就减小。还有一种情况，就是爻子魅力问题。易极中爻子的魅力是不断变化的，而不是固定不变的。如果极外有魅力更大的异性爻子进入阴阳场，那么就有减少向极力、增加背极力的倾向。员工跳槽、第三者插足等都是爻子魅力问题引起的。所以，包容力、爻子魅力是极其关键的。向极力与背极力是性质相反的力，向极力越大，背极力就越小；向极力越小，背极力就越大，两种力量此消彼长的强弱比例决定了易极的状态。易极状态是指易极的稳定性及其能量大小的变化。

优势配子主导律指出，易极的性质、状态及发展方向是由优势配子决定的。向极力与背极力的此消彼长，就是由优势配子决定的。优势配子占据主导地位，如果其包容力度大、魅力大，给非优势配子更多的需要和补充，则离心力、分散力就更小，而向心力、团聚力就更大，易极的总能量就大，在与其他易极的竞争中就会有更大的力量；反之，主导配子包含力、魅力逐渐减小，给非主导配子的利益小，则分散力、离心力就大，而向心力、团聚力就小，易极总能量就小，在与其他易极的竞争中，失败的可能性就大。

1. 第三推论——阴阳和谐律

当合一体中的向极力与背极力在此消彼长中达到势力平衡或近似平衡时，就实现了阴阳和谐，或称阴阳太和、阴阳大和。

2. 第四推论——盛极而衰、物极必反律

日中则昃，月盈则亏，天地盈虚，与时消息。积阴阴盛，盛极变阳；积阳阳壮，壮极变阴。阴了又阳，阳了又阴，阴极变阳，阳极变阴，物极必反，由此推动事物的不断运动和发展。这是几乎所有阴阳论著作中重复的论述，也是中国老百姓的常识。阴阳相互转化的结果就是顿变，就是盛极必衰、物极必反，就是阴阳极性反转。

在此消彼长中，阴阳如果严重失衡，则将发生易极的崩溃或破缺。用现代西方耗散理论说，在远离平衡点处，将发生对称破缺，发生分叉。盛极而危、盛极而衰、盛极而亡的观点，在《易经》中有广泛的论述。阴盛到极点，就意味着阳衰弱到极点，即阳就几乎绝了，这引起了事物性质的根本变化。阳绝了，说明阴阳分离了，就意味着死亡已降临；阴也跟着消失了，这意味着这一易极死亡了。以人为例，饿到极点意味着死亡，胀到极点也意味着死亡；悲痛到极点，人会发癫，狂喜到极点，人也会发癫，人发癫后，其正常人的特征就消失了。

3. 第五推论——生死律

生与死构成一个易极，死是阴子，生是阳子。生与死相比较而存在，又相互转化、相互制约、相互补充地共处于同一物种中，生中包含着死，死中也蕴育着生，死死不息，生生不息，就是生死律。从细胞层次来说，细胞不断衰老死亡，新的细胞不断产生以接替死亡的细胞，由此维系着生物个体的生存。从生物个体层次来说，死，对单个生物体来说，一切都结束了，但对该物种来说，死与生是常常发生的，衰老个体的死亡，为年幼个体的生长腾出了空间和资源。食物链节点下端的动物以高繁殖率为其上端的物种提供食物，同时为本物种的延续提供了保障。由此可以清楚地看到，死与生是相互补充、相互辅佐的。物种中每一次的生，都不是完全相同的重复，而是新的生。因为每一次的阴阳交合（阴阳冲和反应）是在不断变化的时空（圭）中进行的。在同一物种中，每一次的死也是不同的，不管是阴绝还是阳绝造成死亡，绝的原因、时空条件都是不同的。这些不同的绝的原因，对该物种的生来说具有极其重要的意义。昆虫的抗药性、病毒的变异性等都说明，死为生作出了巨大的贡献。在人类中，对人死亡原因的研究对活着的人的生存具有重大作用。

4. 第六推论——易极奇景

当阴阳配偶成功后，就组成了阴阳合一体，即构建了一个易极。阴阳合一体的合一性既是阴阳可分识的，又是阴阳不可完全分识的，由此形成阴阳合一性奇景，或称易极奇景。所谓阴阳可分识，是指可用分别认识阴阳配子各自的特性及它们相互作用来认识把握阴阳合一体；所谓阴阳不可完全分识，是指用阴阳分识的方法只能认识、把握阴阳合一体的部分状态，而不能认识把握阴阳合一体的全部。阴阳合一体的总功能、总能量、瞬时状态是难以完全认识和把握的问题。因此，阴阳合一体既是可认识的，又是不可完全认识的，这就是阴阳合一性奇景。

为什么会产生合一性奇景呢？原因在于合一体内的向极力、背极力形成机制及两者的相互作用机制都极其复杂，难以完全认识。阴阳双方如何形成团聚力，这要分长时和瞬时两种情况。长时团聚力可能由双方某类基本特质、特性的匹配而形成，它的变化较慢。但爻子的基本特质、特性也不是固定不变的，它会因爻子所受内外条件、压力的变化而变化。瞬时团聚力是由双方瞬时状态的匹配形成的，而双方的瞬时状态是瞬息万变的，所以瞬时团聚力变化较快。背极力、离散力形成的情况与团聚力形成的情况是类似的，它只不过是双方另一类特质、特性匹配而形成的。向极力与背极力相互作用的情况就更为复杂了。老子说，要“道法自然”。道是人研究自然规律的科学，但任何科学都不是尽善尽美的，所以，任何科学最后都必须以自然为最后根据，因为自然是复杂的。老子深刻地认识到这一点，说得太对了。

分析一个公司，我们可以通过既分析领导层的情况，又分析管理层、员工的情况来认识和把握这个公司，这是我们认识和把握这个公司的基本方法。但是，用这种分识的认识论方法并不能完全把握这个公司的全部，尤其是公司的瞬时状态更难以把握。分析一支军队，可以详细地分析其各个方面，这是认识和把握这支军队的基本方法，当然很重要。但是，再详细的分析都不能代替这支军队在战场上的瞬时表现。所以，没有长胜不败的军队，也没有长胜不败的将军。要完全认识和把握一个家庭是做不到的，我们只能理解它的大概情况，即使是组建这个家庭的丈夫或妻子本人都不能完全认识和把握自己的家庭。最特殊的是认识和把握自己都不能完全做到，因为个人也是阴阳合一体。我们能基本上认识和把握自己，按照自己的认识水平、觉悟和一贯的行为方式去生活。但是，在特别的情况下和突发的情况下，我们将怎么做，是个未知数。我们每个人都有这样的经历。举个最简单的例子，譬如喝酒。事先一般都不想喝醉，但十几年都能控制自己的人，某次也许就喝醉了。

易极奇景是事物的复杂性的表现，事物充满着必然性、偶然性和随机性，这说明科学是没有止境的。但是，我们不能因为易极奇景就成为思想懒汉，成为不可知论者。事物以常态表现出来，这个常态基本是由必然性主导的，虽然常态不是永远不变的，但毕竟是常态。突发情况、偶然因素毕竟不是常态。突发、偶然因素可能会永久地改变了原先的常态，但改变后的状态又成为新的常态了，有新的必然性来主导了。所以研究常态，认识和把握常态是我们的必修课和主课。

七、刚柔策略

天下熙熙皆为利来，天下嚷嚷皆为利往，易极与外部进行信息和物质的交流，也是自身存在和发展的需要。在交往中，受到威胁、压迫，也在所难免。面对外部胁迫，以刚克刚，以柔克刚，刚柔并举，是易极生存策略；以柔克刚是老子主张的主要策略。老子始终相信，“天下之至柔，驰骋天下之至坚”（《道德经》第 43 章）、“弱之胜强，柔之胜刚”（《道德经》第 78 章）。

也许有人认为，阴阳论只讲和谐，不讲斗争，违反了“优胜劣汰”“适者生存”的自然法则，是危及自身生存的危险哲学。这其实大谬。易道阴阳论的确是和谐哲学，它主张天与地和谐，人与自然和谐，人与人和谐，家庭和谐，国家和谐，天下和谐。老子谆谆教导：“不以兵强天下”（《道德经》第30章），“大邦以下小邦，则取（聚）小邦；小邦以下大邦，则取（聚）大邦”，“两者各得所欲，大者宜为下”（《道德经》第61章）；墨子反复强调“非攻”“兼爱”；孔子一生都在宣扬“仁者爱人”，足见易道阴阳论是胸怀最博大的和谐哲学。它与零和游戏哲学——矛盾斗争论，完全背道而驰。但是，如果有人要蓄意破坏和谐，就要与之做坚决斗争，就要“克刚”。不管是以刚克刚，或以柔克刚，或刚柔并举地克刚，总之，要将“刚”坚决地“克”下去。不克破坏者、入侵者之刚，和谐就要被破坏，和谐就不能实现。毛泽东说：“人不犯我，我不犯人；人若犯我，我必犯人”，这就是刚柔阴阳策略的最佳表达。

面对外力压迫，第一应策或者说主要应策，是增强自身的偶合力H和动能S（见本书第四章）。这就像贝纳德对流一样，自身协调起来，做有序的流动，避免内耗，以应对外界的高温。偶合力H和动能S包含了很多内容，其中，面对外部胁迫时，清除内部的异心力Y4是关系生死存亡的。

《孙子兵法》也是易道阴阳论的重要组成部分，面对外部胁迫，在这部“兵家圣典”中一定能够找到克刚的具体策略，用太极阴阳之二气化解入侵之邪力。

第三章 / chapter 3

阴阳辨析

伏羲创立了宇宙阴阳模型，既然万物负阴而抱阳，那么分析任何事物首先就要找出它的阴子和阳子，然后分析阴阳配子之间的关系、阴阳配子与易极的关系。找出构成事物的阴配子与阳配子的方法，就叫阴阳辨析。

根据万物负阴抱阳律，任何事物都是由性质相反、相互配偶、相互需要、相互补充的阴配子和阳配子构成的。邵雍（1011—1077 年）首次提出了一分为二，一分为二的方法就是用某种标准寻找事物内部的阴配子和阳配子的方法。一分为二是一种划分吗？它与形式逻辑划分有什么关系？先看一个例子：对“房屋”这个概念进行两种不同的划分。用形式逻辑划分规则，以房屋用途为尺度，将“房屋”划分为住宅、厂房、办公楼等；以房屋的建筑材料为尺度，将“房屋”划分为草房、土坯房、砖瓦房、木板房、铁皮房等。对“房屋”作一分为二划分也有划分标准问题。以房屋的构成元素为标准，将房屋划分为围实体（围成空间的墙、屋顶、地面等实体）和围空间（由围实体围成的供人活动的空间）两部分。对房屋来说，其围实体和围空间都是不可或缺的部分，缺少任何一项，都使房屋概念不能存在。没有用墙、屋顶、地面等实体围的空间当然不能称为房屋；同样，虽然用墙、屋顶、地面进行围，但是一个实心的没有空间的建筑物，那也不能称为房屋。围实体与围空间的关系早就被老子发现了：“凿户牖以为室，当其无，有室之用。”“当其无”，是指这个房屋有空间，这个房屋才能使用，才能有用处。由此例发现，一分为二划分与形式逻辑划分是两种不同的划分。它们在划分后的子项与子项之间、子项与母项之间的关系是不完全相同的。在形式逻辑的划分中，子项可以独立存在。例如，有没有土坯房与有没有木板房没有任何关系，它们都可以独立存在；子项与子项既可叠加又可减少。在一分为二划分中，划分后的子项与被划分的母项之间不一定是种概念与属概念的关系，子项不能独立存在。例如，没有围实体，就没有围空间，没有围空间，房子也不能称为房子，子项与子项之间有相互依存的关系。还发现一分为二划分使人们对房屋的本质有了更深刻的认识，根据这种认识，可将房屋概念的外延进一步扩大，即将一切由围实体及由围实体围成的供人活动的围空间组成的东西称为房屋，例如轮船、飞机、飞船等都可以概括到房屋概念之中。由两种划分的初步对比可以认识到，一分为二划分是一种很有用的思想方法。

阴阳辨析包括阴阳下分辨析和阴阳上归辨析，现在分别讨论之。

第一节　阴阳下分辨析法

阴阳下分辨析是根据万物负阴抱阳律寻找事物内部既相反相成又相辅相成的阴子和阳子的方法。它是揭示被辨析事物的各存在因素中的阴配子和阳配子的辨析逻辑方法，存在因素包括构成成分、存在条件、存在形式、属性等。在阴阳下分辨析中，被辨析概念称为上位概念，辨析得到的子项称为下位概念。

一、阴阳下分辨析规则及公式

（一）阴阳下分辨析规则

1. 一次下分辨析需要并只能使用一个辨析标准——称为尺度规则；

2. 下分辨析后得到的下位概念永远只能有两项——称为二分规则；

3. 两个下位概念在辨析尺度下必须性质相反——称为性质相反规则；

4. 两个下位概念在辨析尺度下必须能互偶、互需、互补——称为互偶互需补规则。

尺度规则来源于《道德经》第 42 章：“道生一，一生二，二生三，三生万物。”这一论述中的“道生一”，即本书第二章第二节“新生事物发生律”所说的“概一”。“概一”是指在道内部（或者说在系统内部）发生的一个概率事件。因为这个概率事件的发生，道才同时产生了阴子和阳子（“二”指阴和阳）。这就是“道生一，一生二”的含义。在这里，提出一个辨析尺度，就是一个概率事件，由这个尺度辨析，就可以找到这个辨析尺度下的阴子和阳子。性质相反规则、二分规则、互偶互需补规则都来源于伏羲模型。

辨析尺度有时是明确的，有时是隐含的，并常常被人们省略或忽略。在实际生活和学术活动中，人们往往使用了阴阳下分辨析而没有明确指出辨析的尺度。人们大量使用“男女”“虚实”“刚柔”等辨析后的下位概念，却既不指出它们的上位概念，也不指出其辨析尺度。

根据性质相反规则，阴阳辨析得到的两个下位概念总是性质相反的，将两个下位概念分别命名为阴配子和阳配子（已经配对的爻子称为配子，有阴配子和阳配子两种）。阴配子和阳配子组成了某种阴阳辨析尺度下的“阴阳对”，将“阴阳对”简称为易极或偶极。

根据互偶互需补规则，阴配子和阳配子总是相互依存、相互需要、相互补充的。无论阴配子或阳配子的消失都会引起上位概念——易极的崩溃或严重破缺，从而使得与之相对的配子消失或失去意义。没有上，就无所谓下；没有雌，就没有雄。资产阶级消失了，无产阶级也随之消失。从这些例子可知，概念的消失并不等于概念所指事物的消失。因为任何概念都仅仅是从某一角度对事物进行的描述，而任何描述都有边界。从某一角度描述事物的概念的消失，当然不等于概念所指事物的消失。但是，从某一描述角度描述事物的概念的消失，虽然不等于该事物的消失，但该事物在该描述角度下的性质已经发生改变。例如，资产阶级消失了，无产阶级也同时消失了，原来资产阶级的人和无产阶级的人却都没有消失。两方面的人虽然都没有消失，但他们在资产拥有方面都发生了改变。资产拥有性质的改变，必将导致今后他们的社会属性的改变，社会属性的改变，又必将导致今后他们在思想和行为上的改变。所以，易极的崩溃或严重破缺，对事物在辨析尺度下的性质造成了质的变化。阴配子与阳配子的互偶互需互补是合一性的必要条件。因为如果它们不相互需要、相互补充，它们就没有必要结合在一起，就不能形成合一体。这是极其重要的规则。

阴阳下分辨析也可以称为一分为二律，它具有一个极重要的特点：公式演推性，即阴阳下分辨析可以按公式进行推演。

（二）阴阳下分辨析公式

阴阳下分辨析公式一：

$$G\rightarrow: C_i \rightarrow xBX（[0], [1]）\rightarrow S（[0], [1]）$$

符号说明：

“G”——辨析对象，即研究题目、概念等；

“→”——辨析步骤；

“C_i”——确定某一个辨析尺度（或称维度、向度、分析角度）；

“xBX”——读为“下分辨析”；

“（[0]，[1]）”——由阴配子 [0] 与阳配子 [1] 构成的阴阳对，其中 [0] 为阴配子二进制代码，[1] 为阳配子二进制代码；

“S（[0]，[1]）”——读为“阐述阴阳关系”。

公式解读：对于一个辨析对象 G：

第一步，确定一个辨析尺度 C_i；

第二步，根据尺度 C_i，用阴阳下分规则辨析出阴配子 [0] 和阳配子 [1]；

第三步，根据阴阳律，阐述各种阴阳关系，即阐述阴配子与阳配子的关系，以及阴配子、阳配子与整体的关系。其中主要的关系有：优势配子主导律。优势配子主导，它决定了易极的性质和运动方向。在多数情况下，阳配子是优势配子。优势配子也影响着基础配子的发展；基础配子是指易极存在的基础，基础的状况制约了优势配子的水平；阴配子与阳配子是相反相成的，正是这种性质相反性带来的差异性推动着易极的发展或退化或毁灭。这种差异性是对双方的制约，这种制约是事物存在的基本条件之一；阴配子与阳配子又是相辅相成的，它们相互需要、相互补充，使得易极成为合一的整体。

以上只有第一步是研究者可以自由选择的。选择的辨析尺度不同，辨析的结果当然就有差异。当辨析尺度一经确定，以后每一步研究者都必须按照阴阳辨析规则进行。

二、阴阳层析法[1]

北宋邵雍在《观物外篇》中指出："是故一分为二，二分为四，四分为八……"阴阳下分辨析如果连续进行，就是层层阴阳下分辨析，这称为阴阳层析法，现介绍之。

将一分为二律与阴阳互含律结合，对一个事物进行辨析，就得到阴阳层析法。它是对一个事物用阴阳辨析的规则层层一分为二地进行辨析的方法。第一层次辨析得到一个阴配子和一个阳配子（将阴配子用"0"代表，将阳配子用"1"代表[2]），因为阴阳互含，阴配子和阳配子都可以各自再进行（第二层次）辨析。对阴配子（"0"）作下分辨析，得到阴中之阴（"00"）和阴中之阳（"01"），对阳配子作下分辨析，得到阳中之阴（"10"）和阳中之阳（"11"），共四个部分。同理，对这四个部分又可分别进行第三层次的下分辨析，对"00"辨析得到"000"/"001"；对"01"辨析得到"010"/"011"；如法炮制，10：100/101；11：110/111；共得到 8 个部分。对第三层次的 8 个爻子可以进行第四层次辨析，例如，000：0000/0001；101：1010/1011；111：1110/1111；等等，共得到 16 个爻子。还可以继续一层层地无限辨析下去，这就是阴阳层析法。具体辨析到哪个层次，根据需要决定。这样得到如下一个金字塔。

阴阳下分辨析公式二

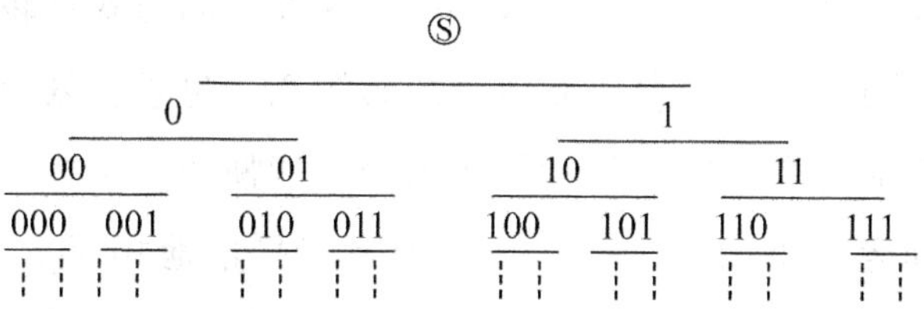

（单节点）阴阳层析金字塔

[1] 六层阴阳层析法早在千年前邵雍就提出了，但邵雍没有制定辨析规则。

[2] 用 0、1 代表阴、阳，最初是德国哲学家莱布里茨提出的。

阴阳层析金字塔可简称为阴阳层析塔，或称阴阳塔。塔中的数字是二进制数，具有分形特征，这是一个数字分形金字塔，理论上具有无限层次。第二层次 4 个二进制数 00、01、10、11 分别对应十进制的 0、1、2、3；第三层次 8 个二进制数 000、001、010、011、100、101、110、111 分别是十进制数 0、1、2、3、4、5、6、7。由于二进制数不便阅读，可用（x. y）来简记塔中的二进制数。其中 x 表示层次数——有几位二进制数，就表示是第几层次，例如“101”有三位数，就表示是第三层次，x 就是 3。y 表示该二进制数换算成的十进制的数值。二进制数“101”换算为十进制数等于 5，那么，[101] 就记为（3. 5）。又如 [010] 记为（3. 2），3 表示第三层次（这是三位二进制数）；2 表示二进制数 [010] 等于十进制数 2；[10101] 记为（5. 21），5 表示第五层次（这是五位二进制数），21 表示二进制数 [10101] 等于十进制数 21。

公式 $M_n = 2^n$ 可计算出每一层次的爻子数。n 是层次数，M 是第 n 层次的爻子数。例如，第一层次 n = 1，$M_1 = 2^1 = 2$，有 2 个爻子，即 0 和 1；第 2 层次，n = 2，$M_2 = 2^2 = 4$，有 4 个爻子，即 00、01、10、11；第 3 层次，n = 3，$M_3 = 2^3 = 8$，有 8 个爻子。以此类推。

阴阳层析法可用于多层次复杂系统的分析。

三、阴阳下分辨析与形式逻辑划分的异同及联系

划分是根据形式逻辑进行的，是揭示概念外延的形式逻辑方法。它把属概念根据划分规则分为种概念。被划分的属概念是母项，划分后的种概念是子项。划分规则主要有三项：一是每次划分只能使用一个标准；二是划分后的子项外延之和等于母项外延；三是子项之间严格地相互独立、互不包含，不能有重叠的边界。严格地说，阴阳下分辨析不是划分，因为划分有自己的形式逻辑学定义。但是，“划分”一词早在逻辑学定义它之前就已存在，如果不使用逻辑学关于划分的定义，也可以将阴阳下分辨析视为一种划分。划分与下分辨析既有相同之处，又有很大的不同，两者是既有联系又有区别的两种揭示概念的方法。

1. 两者的相同点

（1）两种划分都要使用划分标准（尺度），而且每次划分只能有一个划分标准。

（2）两者都可以连续进行。

2. 两者的不同点

（1）两者的作用有区别：形式逻辑的划分仅用来揭示概念的外延，而下分辨析主要用来揭示概念的性质、构成成分、构成形式等，当然其中也包括揭示外延。

（2）划分规则不完全相同。除尺度规则外，其他规则亦都不相同。

（3）阴阳下分后的子项永远只有两个，一般的形式逻辑划分后的子项数没有限制。

（4）划分后的子项间的关系不同。形式逻辑划分后的子项外延之间要相互排斥，严格地互不包含，彼此相互独立存在。恰恰在这一点上，与阴阳下分有最大的区别。阴阳下分辨析后的阴配子和阳配子不能独立存在，只能在合一体相互依存，允许外延重叠边界的存在，因为它们之间本来就是你中有我、我中有你的关系。

（5）子项与母项的关系不同。形式逻辑划分要求子项外延之和等于母项外延，在这一点上，阴阳下分也可以到达。但是，形式逻辑划分后的子项的缺失，对母项的存在没有任何影响。阴阳下分后的子项的缺失会导致母项（上位概念）的崩溃或严重破缺。

（6）连续划分中对层次的要求不同。形式逻辑在连续划分时要求其层次不能颠倒；而在连续阴阳下分中层次可以颠倒。

3. ［辨议］：关于“特殊的二分法”

当代中国哲学界将“一分为二”称为“特殊的二分法”，即将概念的外延分为相互矛盾的两个子概念。那么，这个“特殊的二分法”是阴阳辨析吗？答案是否定的。因为，所谓“特殊的二分法”仍然使用划分的规则，属于形式逻辑的“划分”范畴。既然属于划分的一种，则子概念就可以独立存在，子概念的缺失不影响母项的存在，子概念之间就必定严格地互不包含，必定是你中不容我、我中不容你的界限分明的线性划分。线性划分与非线性的阴阳辨析格格不入，无法纳入阴阳辨析的范畴。因此，“特殊的二分法”不属于阴阳辨析。

第二节　阴阳上归辨析法

一、阴阳上归概念的由来及“合二而一”分析

所谓阴阳上归就是给一个爻子寻找一个在其同配面上与其性质相反的异性爻子结成配偶，并给这对配偶一个名称的思维方法。通俗地讲，阴阳上归就是寻找爻子配偶的思维方法，就是给概念找对象并结成夫妻。

任何事物都不是孤立存在的，每个事物会与其他许多事物发生各种各样的关联。当两个事物发生联系时，中国哲学称其为“合二而一”。给爻子找异性对象就是要将两个爻子汇合在一起，这也是某种形式的合二而一。可惜，中国哲学史上对合二而一的理解不仅没有达到统一，而且没有深入分析过。

合二而一？是什么样的爻子与什么样的爻子合在一起？只有同一配面（同一类型）的阴子与阳子才有可能发生相互作用，才有可能合二而一。例如，雇工者与受雇者属于同一配面，他们有可能发生作用，从而有可能合二而一，而雇工者与非受雇者就不可能发生雇佣关系，从而不可能（在雇佣关系上）合二而一；不是同一配面的阴子与阳子是不会发生直接作用的，所以也就不能合二而一，不能合为一个合一体。又如，衣服的里子是阴，面子是阳，植物的雄蕊是阳，雌蕊是阴，这个阳子雄蕊与衣服的里子之阴就不属于同一配面的爻子，就不能合二为一个合一体。如果将衣服的里子与植物的雄蕊硬要合二而一，那么，这种合就是乱合，或叫杂合。不过，不属于同一配面的异性爻子也不是完全不能发生联系，只是不能发生直接的联系，而要在更高层次上发生联系。例如，雌蕊是生物，衣服的里子是

非生物，那么在生物与非生物的关系上，它们能构成一个阴阳对。这里就不再详细说明了。

属于同一配面的阴子与阳子有可能合二而一，但是，以什么样的方式合，合成什么样的一，那就要分辨清楚。同一配面的异性爻子的可能的合分为三种形式，一种是统合，另一种是混合，再一种是交合。先看实例：育龄男女结婚了，他们组成了一个家庭，这种合二而一就是统合，因为他们组成的家是一个合一体。同配面的两个异性爻子构成一个统一易极时，就称为统合。夫妻二人进行了性交——他们的卵子（阴子）与精子（阳子）进行了冲和反应，产生出一个新生的物（这是“二生三”）——受精卵，这个受精卵会孕育为胎儿，胎儿发育成熟后，经分娩，就成为一个孩子。夫妻这次的性交就是交合。同配面异性爻子进行了冲和反应，这种冲和反应就称为交合。当然，交合产子不限定于夫妻，任何育龄男女（在德性、法律允许的范围内）都可以交合，都可能产子。男女性交时双方是合为一体的。如果这次的合二而一能有受精卵产生，则受精卵是卵子与精子的合二而一，两者合为一个合一体。如果这两个同配面的异性爻子只是聚合在一起但没有构成该配面上的阴阳合一体时，它们的聚合就称为混合。例如，假夫妻就是混合，而不是统合。不能形成合一体的同配面异性爻子的汇合就称为混合。不是同一配面的异性爻子有可能杂合；同一配面的异性爻子的合二而一有统合、交合和混合三种形式，各有不同的结果。这就是合二而一的四种情况。统合形式的“合二而一”中，阴配子与阳配子的势力此消彼长，只有当双方势力达到平衡或近似平衡时，才是北宋张载（1020—1077）称为的太和，或称和谐。杂合、混合或交合形式的合二而一，就不是太和的结果，而是其他结果。例如，交合的结果可能会产生新的物。混合的结果难以预料。

交合形式的合二而一有新产物出现，这是冲和反应的产物，这个产物叫作“和”，这是从老子的“冲气以为和”的论述中发掘出来的。不妨将交合形式的合二而一称为交二而一。交二而一会产生一个新的事物。不妨将交二而一的“生”称为交生。

统合形式的合二而一还可以称为统二而一，笔者给它起了一个特殊的专用名称：阴阳上归。统合以后的“一”就是上位概念；两个进行统合的爻子是下位概念，这两个统合以后的下位概念是一对配偶，表达它们中的任一概念叫配偶概念。由于上位概念是原来没有的，是同一配面的异性爻子进行统合以后才产生了上位概念，这也是一种“生”——生出了一个新的概念。不妨将统合向上的“生”称为统生。统生是阴阳上归得到的。可见，阴阳上归是统二而一，它有统生新事物出现。

所以，这里补充两个易道阴阳律：阴阳交合产子律和阴阳统合成家律。所谓阴阳交合产子律是指，当同配面的阴配子与阳配子进行了冲和反应时，就会产生出一个新生物的规律。在本书第二章的“新生事物发生律”中，已经将阴阳交合产子律称为阴阳交合生子律，将阴阳统合成家律称为异性爻子趋配律表示了。

二、阴阳上归辨析规则

（1）阴阳上归辨析只能在同一配面进行——称为配面规则；

（2）一次上归辨析只能使用一个辨析标准——称为尺度规则；

（3）上归辨析时寻找的配对爻子必须与自身性质相反——性质相反规则；

（4）配对爻子之间有互偶、互需、互补的关系——互偶互需补规则；

（5）一次上归辨析只能寻找一个异性配偶——单配偶规则；

（6）要给结成的配偶对一个名称——名称规则；

（7）在连续上归辨析中要有上归总目标——连续上归目标规则。

配面规则是阴阳上归最重要的规则，否则就是杂合、乱合。性质相反规则是阴阳上归辨析最基本的要求，否则就构不成阴阳对，也就谈不上辨析。名称规则不仅是上归的“上”的含义所在，也是统生的发生，是一项重要的创造性科研活动。

三、阴阳上归公式

阳阳上归公式一：

G→：C_i→sBX——Pg——（［G］，［Pg］）→Jgp→Sj（［G］，［Pg］）

符号说明：

“G”——一个概念或事物；

"→"——辨析步骤；

"：C_i"——确定某一个辨析尺度（或称维度、向度、分析角度）；

"sBX"——"上归辨析"；

"Pg"——概念 G 的配偶概念，Pg 与 G 在 C_i 下是异性爻子；"（［G］，［Pg］）"——由 G 和 Pg 构成的阴阳对；

"Jgp"——给阴阳对（［G］，［Pg］）所起的名字，即阴配子与阳配子组成了一个家庭，给这个家庭以命名；

"Sj（［G］，［Pg］）"——根据阴阳律阐述 Jgp 家庭中 G 与 Pg 的各种阴阳关系。

公式解读：对于概念 G：

第一步，确定一个辨析尺度 C_i；

第二步，在尺度 C_i 下，在同一配面内，根据阴阳上归辨析规则，给 G 概念寻找一个异性（性质相反的）配偶概念 Pg，使得 G 与 Pg 构成一个阴阳对（［G］，［Pg］），该阴阳对中的两个爻子一个为阴配子，另一个为阳配子；

第三步，给该阴阳对命名为 Jgp，Jgp 就是由 G 与 Pg 组建的"家庭"，即两者的上归概念；

第四步，Sj（［G］，［Pg］）就是根据阴阳律，阐述新组建的易极（"家庭"）中配子之间及配子与易极的各种关系。

以上就是上归辨析四步式。

四、连续阴阳上归

阴阳上归可以只进行一次，也可以连续向上递归，形成一个向上的巨系统。连续上归中最重要的规则是目标规则。这如同爬山，你在山脚下必须选择一个目标山峰登攀，否则就不知道往哪个方向走，就不知道选择什么配面、什么配偶。所以，连续阴阳上归可称为阴阳登山法。连续上归的起始概念叫始归概念，每一次上归得到的上位概念叫归成概念。

连续上归分向上登顶过程和向下补整过程。

阳阳上归公式二：

阴阳上归登顶过程

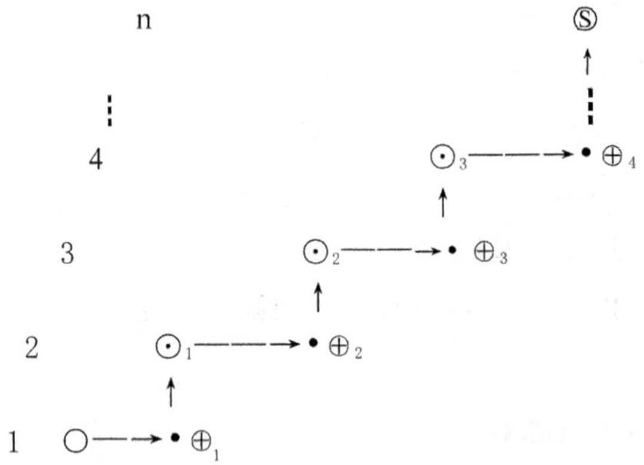

符号说明：

Ⓢ——上归目标；

○——始归概念；

⊕——配偶概念；

⊙——归成概念；

→• ⊕——寻偶成功；

↑——向上递归辨析；

↓——向下辨析补整

向上递归的登顶过程是这样的：从 1 始归概念○开始，根据阴阳上归规则给始归概念寻找一个异性概念$\oplus_1$作始归概念的配偶，结成夫妻，并给这对夫妻命名，也就是提出上位概念$\odot_1$，这个上位概念叫归成概念，它也是第一个归成概念。这是向上登顶的第一步。接下来给第一个归成概念$\odot_1$寻找异性对象$\oplus_2$，结成夫妻配偶，再给这对新配偶命名，得到第二个归成概念$\odot_2$。这是第二步。重复以上操作，不断向上登攀，经过若干个步骤，直至到达上归目标。如同登山总是艰难的一样，阴阳上归登顶也是极其困难的。困难有两个：第一个困难是寻找同配面的恰当的异性概念。这初看起来并不难，其实并不简单。例如，给“人权”这个概念找配偶，用什么概念呢？根据权利与义务的关系，人权概念的配偶应该是有关人的责任、义务方面的概念，用哪个概念好呢？用“人责”？恐怕难以选择。第二个困难是给上位归成概念命名。这初看起来也是容易的，其实也不然。仍以人权与人责这对“夫妻”为例，给这对配偶什么名称呢？称为人的“权责”？或称“人纲”？我们犯难了。即使“人纲”这个上位概念能被大多数学者接受，那给“人纲”找一个什么样的配偶呢？困难接着就来了。无论是寻找配偶，或给配偶夫妻命名，都是创造性思维，都是艰巨的探索过程。

作为一个完整的系统来说，仅有向上的登顶过程是不够的，还要将找到的每一个配偶概念⊕向下进行阴阳下分辨析，因为找到的每一个配偶概念都有其自己的下位概念。只有将找到的所有配偶概念都进行了下分辨析，才能使阴阳上归整个过程完成，才能使通过阴阳上归而形成的系统完整。给配偶阴阳下分的过程叫阴阳上归的向下补整过程，简称下补过程。向下补整过程相对于登顶过程要简单一些，但也不是一件很容易的事。连续阴阳上归就是由向上登顶和向下补整两个过程构成的。

阳阳上归公式三：

阴阳上归向下补整过程

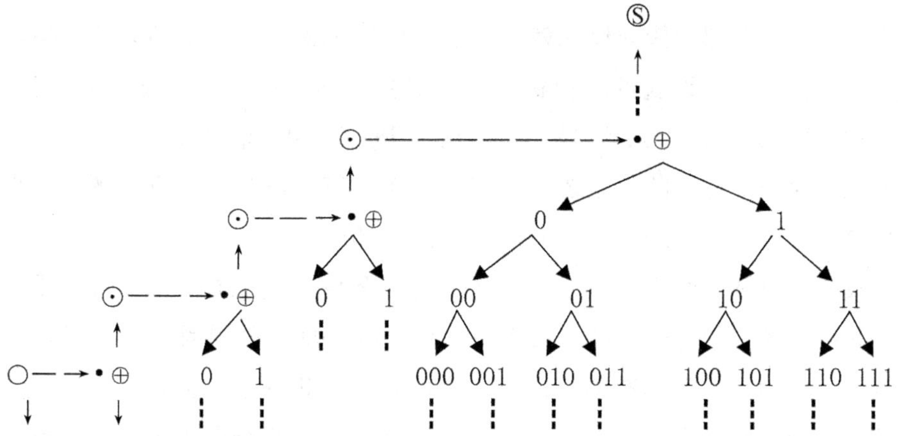

阴阳上归是一个难度极大的探索过程，比阴阳下分要困难得多。阴阳下分是从山顶向下走，容易一些，阴阳上归是从山脚向山顶走，艰难一些。现举一例。

始归概念是“计算机语言”，上归目标是人际信息交流系统。始归概念计算机语言〇对人类来说，它是一种人工语言，而且是一种计算语言，将它称为人工计算语言。与之同类的还有数学语言等。人工计算语言的配偶概念是什么？我们想到了世界语$\oplus_1$，因为它也是人工语言，是可用来人际思想交流的人工语言。它们能构成“阴阳对”吗？那就要看它们是不是性质相反的、相互配偶、相互依存的条件。世界语是有声的，计算机语言和数学语言是无声的，世界语可直接用来进行人际思想交流，计算机语言和数学语言做不到这一点，它们是性质相反的。为了区别两者，将计算机语言称为人工计算语言，将世界语称为人工交际语言。这两个概念是同时产生的，即相互依存的，缺少其中任何一个，另一个就没有存在的必要。为这两个人工语言构成的“阴阳对”取名为人工语言$\odot_1$是很自然的，它是本次上归得到的第一个归成概念。与人工语言阴阳相对的是什么语言？应该是自然语言$\oplus_2$。这个配偶概念是在语言形成方式的尺度下产生的。人工语言和自然语言能构成一个“阴阳对”。因为它们是性质相反的，而且是相互配偶、相互依存的。没有人工语言这个概念，就不会产生自然语言的概念。人工语言和自然语言构成的上位概念是什么？是语言概念？这似乎不令人满意。叫语言概念肯定没有错，为什么不令人满意呢？人们在思想中期待着一个能与语言概念相提并论的概念与之相对比，人们期待的概念就是语言概念的配偶概念。我们必须要将视野放得更大，要考虑语言的上位概念才能做到。语言的上位概念可能是什么？是“信息”？是本次上归的目标？对于语言概念来说，信息概念要作为它的直接上位概念是不合适的，是超越了辨析层次。符号概念作为语言概念的直接上位概念是恰当的。语言是人类创造和使用的符号系统，人工语言和自然语言构成的上位概念叫语言符号$\odot_2$。语言符号的配偶概念是什么？应该是人类创造和使用的其他符号系统。人类是地球上唯一能创造符号并频繁而广泛使用符号的物种。人类创造的不同于语言的符号是很多的，舞蹈、音乐、美术等都是符号，而且它们都有自己的符号系统。给这些符号系统命名为象征性符号系统$\oplus_3$。因为它们普遍使用比喻、象征、模仿等艺术表现手法。虽然这些艺术手法被称为“艺术语言”，即所谓舞蹈语言、音乐语言、美术语言等，但与我们通常所说的言语语言是不同的。那些被称为“艺术语言”的“艺术词汇”是没有确定意义的，一个舞蹈动作、一段旋律、一幅画面等，每个人对它们都有不同的理解。将象征性符号简称象符，将语言符号简称语符。语言符号系统中的符号都有其确定的意义，并有比较严密的语法规则。象符系统中的符号没有确定的意义，也没有严密的使用其符号的语法规则。艺术门类相当多，表现手法也是多样化的，当然不全是象符式的。语符和象符构成的上位概念是符号$\odot_3$（symbol）。符号概念的配偶概念是信号$\oplus_4$（siyn）。符号与信号构成的上位概念是信息，是人际交流的信息系统，也是本次上归的目标 S。至此，走完了向上登顶的过程。现在将向上登顶过程用横形排列如下，见图 3-1。

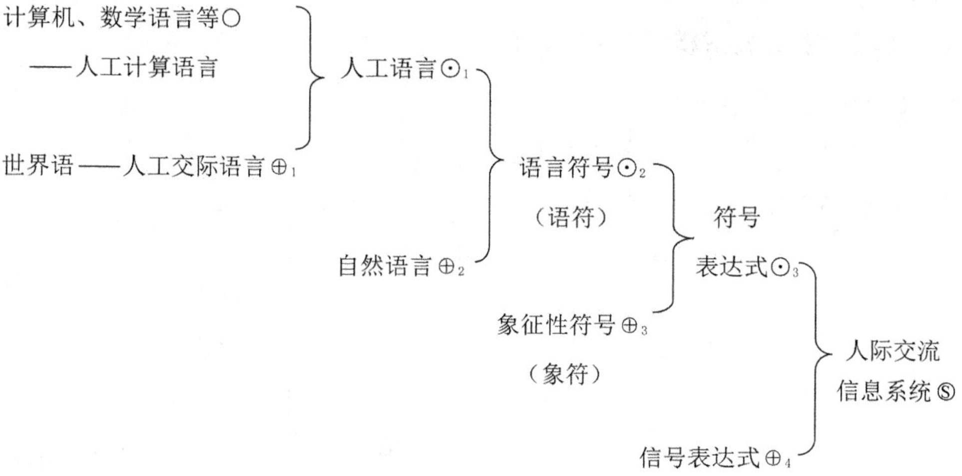

图 3-1　连续阴阳上归例图一

现在进行向下补整操作。在登顶过程中，从始归概念“计算机语言”出发，得到的第一个归成概念是“人工语言”，它的配偶概念是“自然语言”$\oplus_2$。以表达方式为尺度，将自然语言辨析为言语语言和手势语言。聋哑语就是手势语。第二个归成概念是语言符号，其配偶是象征性符号$\oplus_3$。以象符的意义是否相对固定为尺度，将象符辨析为艺术象符和实用象符。人类使用实用象符（代号）的种类很多。如“♀”代表雌性，“♂”代表雄性；还有所谓的“花卉语言”“颜色语言”中的象符等。实用象符中符号的意义在一定范围内，在相当长的时间内是固定的。艺术象符的意义一直是模糊的、抽象的、不确定的，而且随着时代的变化而变化。第三个归成概念是符号，其配偶概念$\oplus_4$是信号。人类虽然继承了动物的信号交流能力，但动物广泛使用的化学信号，人类很少或基本没有使用。人类主要使用物理信号，以物理信号方式为尺度，将人类使用的物理信号辨析为声音信号和动作信号。声音信号包括情绪类和召唤类。情绪类声音指哭、笑、哼、叹等，召唤类声音指喊、叫等。动作信号包括面部表情和身体动作信号，人类这两类动作信号极其丰富而复杂。信号的意义能被感官直接感受到，信号表达方式对人类极其重要。婴儿没有符号能力，只能用信号与大人交流；都不懂外语的异国人之间也只能用信号表达方式进行交流。不仅如此，人到紧急处，人逢情浓时，就会抛开语言，直接使用信号。

将上述操作排成横形金字塔如下：

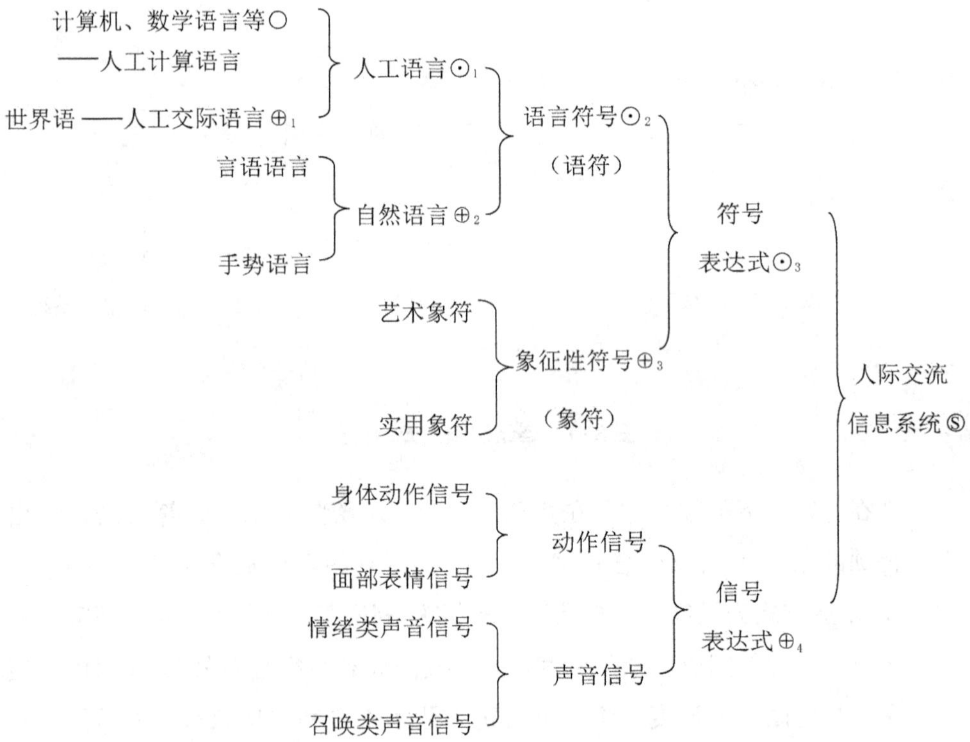

图 3-2　连续阴阳上归例图二

我们从计算机语言出发，经过连续阴阳上归，得到了人际交流信息大系统。这个系统几乎没有遗漏地概括了人际交流的所有信息，这些信息被阴阳辨析井井有条地排列在阴阳金字塔中。向上递归，是艰苦的探索过程，是发现之旅。我们发现了信号与符号的区别，发现了象征性符号系统及其下位系统——艺术象符系统和实用象符系统。从始归概念出发，向目标递归的方法，可以运用于其他探索中。建立系统后如果发现了遗漏，就说明在向上登顶的某一步递归中，或者在向下补整的某一步下分辨析中少了一个或几个层次。这些都可以继续修正，直到没有任何遗漏为止。例如，在图 3-2 中，对信号表达式的下分辨析补整过程中，就忽略了人与人之间的化学信号交流。作者是故意而为之。因为人与人之间的化学信号交流作用比较小，可以忽略；但实际上，人与人之间也有化学信号交流。化学信号是分子的气味扩散在空气中被其他人或动物的嗅觉接收到的。很多动物的嗅觉特别灵敏，但人的嗅觉远不及那些动物。人散放的化学信号主要是人体散发的体味或嘴巴呼出的气味。口中呼出的气味是很不固定的，而体味在一定时期内可能是固定的。人的体味有信息交流作用，只是极其微弱。有狐臭的人姑且不论。没有狐臭的人散发的体味，也会被靠得很近且嗅觉灵敏的人接收到。这有一定的意义。在经常近距离接触的人之间，有些人很喜欢某个人的体味，或很厌恶某个人的体味，这就体现了体味的作用。人的这种喜欢或厌恶情绪通常是不说出来的，但会对思想和行为产生某种影响。所以，化学信号在人与人之间有表现，但作用很微弱，笔者故意忽略之。因为忽略了人与人之间的化学信号交流作用，使得下分辨析层次减少了。若将化学信号考虑进来，则必须增加辨析层次。

这种通过向上递归建立系统的方法是科学探索的方法之一。

第三节　辨析网络

在下分辨析的规则中，第一规则就是尺度规则 C_i，即一次辨析只能用一个尺度（标准、维度、向度、分析角度）。辨析尺度也可以叫辨析角度，也就是分析问题的角度。其实，分析一个问题不仅可以从一个角度加以分析，还可以从多角度去分析，尤其是在分析一个巨大系统时，更要采取多个角度分析，所以 i 可取多个值。一个角度只能用一个辨析标准，多个角度就有多个标准、多个尺度。这与尺度规则并不矛盾。例如分析一个概念，既可以从概念所指事物的构成元素的角度，还可以从性质的角度、功能的角度、形式的角度、后果的角度等去分析，这就是多角度分析。但是，每个角度的下分辨析只能使用一个尺度，必须符合下分辨析第一规则。将辨析角度称为辨析节点。在本章第二节“阴阳上归辨析法”中，列了一个“阴阳层析金字塔”，那是一个单节点（i＝1）的金字塔。在那里，对一个上位概念进行下分辨析时，每次只从一个角度辨析，所以是单节点金字塔。那是一个二分分形图形，与康托三分集很类似。在每个层次中对每个上位概念只采用一个角度层层下分辨析，就得到一个单节点的平面金字塔。如果在每个层次中对每个上位概念采用多角度（i>1）层层下分辨析，就会得到多节点的立体金字塔或称辨析立体网络。无论由单节点或多节点生成的网络都叫辨析网络，由单节点生成的辨析网络叫单节点网络、平面网络、平面金字塔网络，由多节点生成的网络叫多节点网络、立体网络、立体金字塔网络。

连续阴阳上归的每一步是否也可以采取多角度？笔者现在还没有研究。给定了一个山下出发点（始归概念），给定了目标山峰，从出发点开始向上攀爬。多节点就是从多条路线向上攀登，想象中是可以的，但实际上可能行不通。对此有兴趣者，可以继续研究。

第四节　阴阳配偶概念及其应用

无论在学说论著或大众语言中，人们都广泛地使用了阴阳辨析，例如，雌雄、冷热、攻守、苦乐等。阴配子和阳配子总是成对出现的，它们相伴而生，相伴而灭，是生死相依的一对配偶。在配偶思维下，假如产生了“大于零的数”的概念，在阴阳配偶思想方法指导下，就会产生“小于零的数”的概念，这样，正数、负数的新概念就产生了。假如有了整数的概念，就应产生“分数”的配偶概念。有了“可分之数”的概念，若有阴阳配偶的思想方法，就会产生“不可分之数”的概念，那么无理数的概念就诞生了。在数学发展史上，负数、无理数、虚数等都给当时的数学家带来困惑，这些困惑都与阴阳配偶思想方法有直接关系。物理学上也有类似的情况发生。假如要给“守恒”概念寻找配偶概念，则会提出“不守恒”的设想，这样，宇称守恒概念就很可能有其配偶概念——宇称不守恒。假如要给阴电子概念寻找配偶概念，就可能提出阳电子（正电子）的构想。正反馈与负反馈、阴极与阳极、线形与非线形、明物质与暗物质等阴阳配偶概念，在物理学中到处可见。在其他学科中，也有大量的阴阳配偶概念，例如，必然性与偶然性、主观性与客观性、宏观与微观、理性与感性、抑制与兴奋、扩散与集中、化合与分解、内在美与外在美、宏观经济中硬着陆与软着陆、人的生物性与社会性、主体性与对象性等，都是阴阳辨析得到的配偶概念。由以上举例可知，配偶概念是一种思维方法，它可以发现新的事物、新的概念，还可以根据阴阳律推导出新事物与旧事物之间的阴阳逻辑关系，这是发现了新事物后的再发现。过去即使已经发现了配偶对，由于没有阴阳辨析的思维方法，对配偶双方的关系也没有深刻认识。例如，必然性与偶然性之间究竟是什么关系呢？过去是说不清楚的。

第五节　辨析定义

有中国哲学家说，中国哲人自古对任何概念都没有定义，没有精确的定义，就不能进行推理，所以就没有逻辑，因此，中国没有逻辑论。这个观点表达了一个事实，是精辟的分析，入木三分，发人深省。然而笔者经过深入思考后又觉得，这里可能有一个误区。一个没有逻辑思维的民族何来灿烂的文化？何以成为整个东亚各民族的文化之根、文化之源？这也是不符合逻辑的。所以笔者以为，中国哲学可能有不同于西方哲学的另一种定义、另一种逻辑。顺着这个思路，笔者确信自己真的发现了另一种定义、另一种逻辑，那就是辨析定义和阴阳逻辑。所谓辨析定义是指按照阴阳辨析的规则给概念下定义的方法，因为阴阳辨析有阴阳下分辨析和阴阳上归辨析两种，辨析定义也就有两种，即下分辨析定义和上归辨析定义两种，简称下分定义和上归定义。

先说上归辨析定义。

在学术活动中要给一些概念下定义，可是有些概念你无法单独给它下定义，你必须将它与其相对的另一个概念捆在一起，以某种标准来同时给这两个概念下定义或说明。笔者将两个必须捆绑在一起用某种标准来对它们同时下定义或说明的概念称为双概念。中西哲学中都有大量的双概念，从形式上看，两者好像是一样的，但其实并不完全相同。用阴阳上归同时定义的两个概念是阴阳关系，被称为偶极概念。从形式上看，偶极概念也属于双概念中的一种，但不是所有的双概念都是偶极概念。

按照阴阳上归辨析规则给概念下定义的方法叫阴阳上归辨析定义，简称上归定义。由本章第二节可知，上归辨析有六条规则和四个步骤。所以，上归定义要遵循这些规则和步骤。首要的是配面规则，因为只有同配面的两个概念才有可能构成配偶对。其实，上归定义通俗地讲，就是给某个概念找一个配偶，然后结成配偶对（建立家庭）的方法。例如，给计算机语言这个概念寻找的配偶概念是世界语，因为计算机语言是人工计算语言，而世界语是人工人际交际语言，给它们组建的家庭（配偶对）命名为人工语言。其实，人工交际语言不仅只有世界语一种，一些行话、黑话都是人工交际语言，电报更是人工设计的人际交流语言。人工计算语言中也包含人工交际语言，例如数学语言中就包含人工交际语言；人工交际语言中也包括人工计算语言。人工计算语言概念与人工人际交际语言概念是同时产生的，没有前者就没有后者，没有后者也就没有前者。给人工语言概念寻找一个配偶概念，那就是自然语言，两者可以结成配偶对，将这个配偶对命名为语言符号。两者都属于语言，一个是自然形成的语言，另一个是人工设计的语言。在计算机未出现之前，人类使用的人工语言主要是数学语言，而计算机出现后，程序语言就很多了，并不断更新升级。人工语言与自然语言也是相互包含的。人工语言大多吸取了自然语言的符号、句子；而自然语言在发展变迁过程中也常常吸收人工语言的一些词汇或句子。给语言符号概念寻找一个配偶概念，我们找到了象征性符号的概念，两者可以结成配偶对——符号表达式。象征性符号是人类使用的不同于语言符号的另一类常用的符号。语言符号与象征性符号也是相互包含的。给人类使用的符号寻找一个配偶，那就是信号，两者可以结成配偶对，这个配偶对就是人类信息交流系统。人类使用的符号与信号也是相互包含的。

西方哲学中有大量捆绑在一起的双概念，例如唯心与唯物、本质与现象、主体与客体、主观与客观、内因与外因、内涵与外延、内容与形式、一般与个别、共性与个性、肯定与否定、有限与无限、原因与结果、必然与偶然、整体与部分、共相与殊相、自在与自为、分析与综合、能指与所指、同时性研究与历时性研究，等等；在其他学科中也大量存在双概念，例如兴奋与抑制、扩散与集中、氧化反应与还原反应、正反馈与负反馈、硬着落与软着落、进攻与防守，等等。西方哲学在定义或说明这些双概念时，也都将两者捆绑在一起用某种标准同时给两者说明或下定义。这些双概念是否都是偶极概念呢？如果上列双概念是偶极概念，那么，双概念的双方就是阴阳配偶关系，是相互包含的关系。从表面上看，好像都是配偶对。其实，上面列举的双概念不全是偶极概念。例如，唯物主义与唯心主义这对双概念，《哲学小辞典》是这样定义和说明“唯物主义”的：“同唯心主义相对立的哲学基本派别。在哲学基本问题上坚持物质第一性，精神第二性；世界的统一性在于物质性；意识是物质世界发展到一定阶段的产物；人的认识是对客观存在的反映。”❶《哲学小辞典》是这样定义“唯心主义”的：“与唯物主义相对立的哲学基本派别。在哲学的基本问题上，主张精神第一性，物质第二性，认为精神（意识、观念）是世界的本原，世界是精神的产物。”❷ 西方哲学是将唯物主义与唯心主义捆绑在一起定义两个概念的，两个概念是双概念，但它们不是偶极概念。因为唯物主义与唯心主义两个概念是对立的关系，而不是阴阳关系。对立的双方是互不包含的双方，是我中决不容你、你中决不容我的零和的双方，是没有共同利益的双方；而阴阳配偶的双方是相互包含的双方，是生死与共、利益共享的双方。本质与现象这对双概念，《哲学小辞典》是这样定义“本质”的：“‘本质’与‘现象’相对。本质是事物的根本性质，是事物内部相对稳定的联系，由事物所具有的特殊矛盾构成。现象是事物的外部联系和表面特征，是本质的外在表现。本质和现象是对立的统一，两者相互区别；

❶ 马培，等. 哲学小辞典［M］. 上海：上海辞书出版社，2003：22.

❷ 马培，等. 哲学小辞典［M］. 上海：上海辞书出版社，2003：24.

本质比现象深刻、稳定；现象比本质丰富、生动、易变。两者又相互统一；本质决定现象，总要表现为一定的现象；现象总是这样或那样地体现本质，它的存在和变化总是从属于本质。现象可以分为真像和假象。假象是本质的一种歪曲的表现。任何事物都是本质与现象的统一。”❶《哲学小辞典》这样定义“现象”：“现象　与‘本质’相对，组成辩证法的一对范畴，见‘本质’”。由这一定义看，本质与现象是一对偶极概念，因为双方相互包含，生死与共。再举一例。在西方形式逻辑中有一对关于概念外延的最基本的概念：“属”和“种”。你无法单独给“属”下定义，也无法单独给“种”下定义，你必须将“属”和“种”捆在一起从两者的关系上说明“属”是什么意思，“种”是什么意思。可见“属”与“种”是双概念。那么“属”与“种”这对双概念是偶极概念吗？它们是生死与共的，因为没有“属”，就没有“种”，没有“种”也就没有“属”。但它们是相互包含的吗？“属”包含“种”，但“种”不包含“属”。可见，它们不是阴阳关系，不是偶极概念。“属”与“种”是上下级关系，而不是平行的关系。

形式逻辑中有一种称为“关系定义”的定义，然而，此“关系定义”与笔者发现的辨析定义还不是同一个意义。因为关系定义中的关系主要指整体与部分的关系，而辨析定义中的上位概念与下位概念之间的关系或两个下位概念之间的关系都不一定是指整体与部分的关系。辨析定义的大量实例告诉我们，辨析定义无论在学术活动中还是在日常工作中都被人们大量地运用。

在定义或说明双概念和偶极概念时，要特别注意使用“相对”“相对的”“相对于”这三个词。它们都使用于二元关系中，现在中西方哲学都没有谨慎使用它们。好比两个人面对面时，我们可以说他们是相对的关系。这里说的“相对的关系”，只是说他们结成了二元关系，仅此而已，但并没有说清楚两者究竟是什么样的二元关系。他们可能是夫妻关系，可能是协作关系，可能是敌对关系，可能是朋友关系，可能是上下级关系，可能是陌生人关系，等等。西方哲学关于“相对”这一概念是有定义的，但将“相对”与“绝对”捆绑在一起，对比地定义两者：“相对与‘绝对’组成辩证法的一对范畴。相

❶ 马培，等. 哲学小辞典［M］. 上海：上海辞书出版社，2003：47.

对指有条件的、暂时的、有限的、特殊的；绝对指无条件的、永恒的、无限的、普遍的。相对和绝对的相互关系是辩证的。凡绝对的东西都只存在于相对的东西之中。相对中有绝对。形而上学者割裂相对和绝对的辩证关系，或者陷入相对主义的错误，或者陷入绝对主义的错误。”❶“绝对在哲学上，是‘相对’的对称，二者共同组成辩证法的一对范畴。”❷可见，西方哲学是从相对与绝对的关系上来定义两者的。可是，人们在使用“相对”概念时，决不仅限于这种关系。而且，西方哲关于“相对”与“绝对”的定义似乎也太绝对了，并没有表现相对性。所以，笔者在读哲学著作时，很怕见到“相对”“相对的”“相对于”这三个词。尽管笔者也使用，但很谨慎。

从一事物与它事物的外部关系说，我们应该根据阴阳上归寻偶律，给它寻找异性伙伴，结成夫妻，成为配偶概念。成为配偶概念后，一方面，夫妻双方因为性质相反，有可能发生龃龉，这种龃龉是对双方的制约，这种制约对双方的发展和完善都极端重要。“反者，道之动”（老子语），性质相反的阴配子与阳配子的龃龉拮抗推动着夫妻各自的运动和发展，从而使家庭（配偶）得到了积极的建设，使家庭成为和谐合一体；另一方面，夫妻双方又相互吸引、相互补充、相互辅佐，满足了各自的需要，这既使夫妻各自取长补短，使自己完善起来，又使家庭呈现完善和谐的局面。没有上归辨析的概念就是失偶概念，又叫独身概念。独身概念是个孤子，孤子具有片面性、不稳定性和极端性。

现在介绍下分辨析定义。

按照阴阳下分辨析规则给概念下定义的方法叫阴阳下分辨析定义，简称下分定义。下分辨析有四条规则和三个步骤，给概念作下分定义时要遵守这些规则和步骤。第一步就是寻找辨析尺度。这是关键的规则和步骤。例如，给人的存在性下定义，使用人与所有其他生物的联系和本质差别为尺度，将人的存在性定义为“人是由活在性和美在性辨析构成的存在性阴阳合一体，活在性是阴配子，美在性是阳配子”。这个辨析告诉我们，人不仅想活着，更想活得美、活得好。活在性是所有生物的本质特性，这是人与其他生物的联

❶ 马培，等．哲学小辞典［M］．上海：上海辞书出版社，2003：47.

❷ 马培，等．哲学小辞典［M］．上海：上海辞书出版社，2003：47.

系，但人在生物普遍本质之上又进化出人特有的美在性本质。显然，这里的美在性是优势爻子，活在性是基础爻子。优势爻子主导律（本书第二章第二节）指出，优势爻子具有质的规定性和运动方向的主导性。故根据优势爻子主导阴阳律，我们可以得到一个重要结论：美在性诉求是人物种的本质，或者说，人物种的本质是求美。许多西方大哲学家都给人的本质下过定义，那些定义彼此都完全不同。这是因为他们不懂辨析定义，所以都不能准确表达出人物种的核心本质。

又如，用下分辨析规则给“人的知觉”下定义，用人的知觉与动物的知觉的异同为尺度，将人的知觉定义为：“人是直接知觉与经验知觉共同发生作用的知觉阴阳合一体，直接知觉是阴配子，经验知觉是阳配子。”以往的心理学只单纯地讲知觉，说人和动物都有知觉，然后讲知觉的种类，如空间知觉、时间知觉等，但并没有指出动物的知觉与人的知觉有什么差别。辨析定义既将动物的知觉特征——直接知觉表达出来了，又将人不同于动物的知觉特征——经验知觉表达出来了，而且指明了人既具有动物的知觉能力又具有动物没有的知觉能力，是两种知觉的阴阳合一体。心理学的师生们都可以从以往的心理学教科书中将知觉的章节翻出来看看，有没有如此来定义人的知觉的。

又如以人对自己的状态是否满足为辨析尺度，将人的状态特性作如下辨析：人是自洽与不自洽辨析构成的状态阴阳合一体，自洽是阴子，不自洽是阳子。

洽，是融洽之义，这里指与环境融洽。自洽，在这里指人（包括动物）与环境融洽后的自我满足状态，不自洽指人不满足现状的状态。所有动物的本性都只有自洽而没有不自洽，即与环境和谐、融洽就不求变化。动物只要能与环境相适应，它就会满足，就会感到自洽，就不会寻求变化。只要环境没有剧烈变化，该种动物就不变化，或极少变化。许多动物几十万年、几百万年，甚至几千万年、上亿年都没有什么变化，就是因为动物是自洽体。所谓没有大的变化是指其身体结构、食物结构、行为习性、生活方式等都没有大的改变。动物是不求变化的、不求上进的、很容易满足的。动物进化的动力是环境的剧烈改变，而不是其自身的动力。认为只要时间长，猩猩就会进化为人的想法是毫无根据的。雄性动物争夺生育权的斗争于垂直进化并无助益。动物是自洽的、苟且偷生的、自得其乐的。在这里，本书将动物的状态赋性称为动物的本性，同样，将人的状态赋性也称为人的本性。

人在动物自洽本性的基础上又进化出不自洽的赋性，因而人既是自洽的又是不自洽的阴阳合一体，阳子不自洽赋性是优势爻子。任何人到了一个新单位、新环境首先追求的就是与周围人搞好关系，熟悉周围环境（工作环境、生活环境、安全环境、交通环境等），以获得与周围人和环境融洽的感觉，获得一定的稳定的心理状态。这就是自洽的需要。如果没有获得自洽感就会想“跳槽”、想离开；如果他获得了自洽感，就会继续工作、生活下去。其实，他的自洽感仅仅是动物性的需要。他工作一段时间后，就会产生不满足情绪，就会寻求机会展示自己、发展自己，这是不自洽的表现。由于他的出色表现，他被重用了，或被提拔了，他会感到满足。但是，过不了几年，他又会感到不满足。

人有稳定的需要（阴子自洽的表现），稳定是人发展的基础。人们对变化不定的生活是回避的。但是，人又不满足于一成不变（阳子不自洽的表现）。在一种不变的状态下生活久了就会厌烦，就会寻求变化。变动不定的人羡慕生活稳定的人，而生活一成不变的人又羡慕活动范围很大的人，认为那样的生活更有趣。

人们希望与周围人和睦相处，获得自洽感。但是，人又不满足于自洽，他还想超越别人，超越的人越多越好，这就是不自洽，人们之间的不和睦往往由此引起。

自洽和不自洽是一对阴阳子。自洽是阴子，不自洽是阳子。人的自洽来源于动物，不自洽则纯属于人的悟觉的属性。人的实际生存模式是：首先要与周围的人和环境融洽，获得自洽感，稳定下来。在稳定过程中，进行各种吸收、增长和储备。当储备达到一定水平，就要寻求变化，力求进步，这就是不自洽。力求进步的过程是一个时间较长的过程，因而不自洽是时间较长的状态。经过努力，获得了进步，实现了目标，这时就产生了自洽感，这是高一级水平的自洽。这时又希望在自洽新水平上稳定下来。经过储备，又产生新的不自洽。自洽——不自洽——自洽——不自洽……螺旋上升式地“无限”循环下去。每个主流社会的人都永远如此地生活着，是所有主流人群的生活模式，不论他是好人或坏人，是百姓或皇帝，概无例外。所以我们可以将所有主流人的共同生活模式视为人的状态本性，将上述“无限”螺旋上升公式称为人的“状态本性公式”。这个“无限”螺旋上升的图形是个越往上直径越大的螺旋倒锥图形，也就是说，人越往上，他的活动范围就越大，他的活动能量也就越大，他对社会的作用力也就越大。

再如，定义世俗价值：世俗价值是一种二元关系，它含有两个元素，一个是对人具有一定用途的事物，另一个是使用该事物的人。床对人具有价值，因为床可以供人睡觉、休息。我们将床称为价值物，或称价值载体；将使用床的人称为价值受体，因为人得到了价值物的好处（价值）。价值物（载体）与价值受体是世俗价值关系中两个不可分割的元素。一个事物如果不被人所利用，它对人就不具有价值，或者说它对人具有潜在价值；凡是被人所利用的事物都具有世俗价值。从世俗价值的定义看，凡是对人有用的东西，我们就说它对人具有价值。

关于人的尊严需要，我们以尊严的类型为尺度，将人的尊严需要辨析为里子尊严需要和面子尊严需要。所谓里子尊严，就是实力尊严，是实力获得的社会尊重。里子尊严需要，是指实力获得其相应的认可、尊重的需要。所谓面子尊严，是指使自己的行为举止符合道德礼俗规范从而获得和保持良好社会形象的心理需要。里子和面子是一对配偶概念，显然，里子是阴子，面子是阳子。有了里子，就必然要寻求面子，而且通常也能正确地得到面子。有面子，说明就有一定的里子，如果没有一定的里子，就不可能得到面子。很有面子，就说明他很有里子。但是，很有里子不一定很有面子。

从上述例子可以看出，下分定义的概念首先要确定辨析尺度，也就是说，你从哪个角度来定义，在这个角度下用什么标准来定义。这将定义对象的所属范畴及所用的标准都交待得清清楚楚。下分定义概念必须且仅含两个具有阴阳关系的下级概念，其中一个是阴配子，另一个是阳配子。通常，阳配子是优势爻子。优势爻子具有质的规定性和运动方向的主导性。在西方社会科学中，没有一个概念是下分概念。

不对概念进行阴阳下分辨析，该概念就是一个未分化的混沌概念。混沌概念是不能揭示事物的本质的。只有对概念进行阴阳辨析才能准确地揭示事物的本质，从而才能准确地把握事物的运动、变化和发展。

关于阴阳辨析，可以归纳为以下五点：第一，阴阳辨析最显著的特点和优势是具有公式推演性，将社会科学的研究变得像数学、物理学那样可按公式进行推导。按照阴阳辨析规则做出来的分析是典型的中式学术模式。第二，阴阳辨析可以较准确地找出事物的本质，这是它的最大优势。这从对人的特性的研究中得到体现，关于动物的本质、人的本质等就是这样找到的。第三，阴阳辨析具有周延性、全面性。周延的概括是形式逻辑划分难以达到的。具有周延性、全面性，就避免了片面性。线性思维恰恰在这一点上存在致命伤，用线性思维提出的概念基本上都有片面性。第四，阴阳辨析有巨大的周延系统概括能力，它既可以向下周延地概括，又可以向上生成周延的巨系统，这是其他任何哲学思维工具所不具有的功能。本书第八章用阴阳层析法破解了心理学世界难题，建立了人的需要的大统一体系，第九章揭露了美学的片面性并对美学进行了匡正，创建了“秀学”。第五，阴阳辨析具有强大的发现功能和新生概念功能。在本章第二节中，从“计算机语言”开始向上递归，建立人际交流全信息系统，从中可见上归的发现功能特别显著。逐级寻找配偶概念、归成概念，登顶后的逐级下分补整，都是发现之旅。

伏羲创立了宇宙阴阳模型，这个模型早就被人们广泛地使用着，但以往人们是在不自觉、不规范地使用着，而今天，第一次由阴阳辨析将伏羲宇宙阴阳模型化为可由公式进行演算和推理的思维工具。有规则和步骤可循，就具有可操作性和易操作性。这将使阴阳辨析变得极易推广，能真正地成为普通民众的思维工具。当民众广泛使用阴阳辨析时，哲学就不再是象牙塔中的空谈和哲学家们的自话自说了。现象学创始人胡塞尔曾企图将哲学变成科学，但他创立的现象学没有做到这一点，而阴阳辨析将能做到，因为阴阳辨析规则和公式都好懂易学。

第四章 / chapter 4

阴阳动力学方程探索

第一节　易极动能方程

易极中的优势爻子的主导力大小与基础爻子的基础力大小的乘积称为易极的动能。通常情况下，阳配子是优势爻子，阴配子是基础爻子。易极动能也可称为易势。

$$S = cDJ \tag{0}$$

S——易极动能；

D——优势爻子主导力，简称导力；

J——基础爻子的基础力，简称基力；

c——易势系数。

上列方程称为易极动能方程。

优势爻子主导力

$$D = mQg \tag{1}$$

导力的大小不仅与自身主导机制力 Q 有关，而且与基力配合力 g 的大小有关。主导机制力 Q 大，主导力 D 就大；反之，Q 小，D 就小；但主导力是不能单独发挥作用的，它必须在基础力的配合下才能发挥作用；而且配合力 g 大，主导力 D 也就大；反之，配合力 g 小，主导力 D 也就小；如果基础配合力 g 为 0，那么主导力 D 也就为 0。g 是基力主动配合导力的力度。

基础爻子的基础力

$$J = nGd \tag{2}$$

基力的大小不仅与自身实力 G 的大小有关，而且与导力配合力 d 的大小有关。基础力也是不能单独发挥作用的，它必须在主导力的主导下才能发挥作用，而且导力配合力 d 越大，基础力 J 也就越大；导力配合力 d 越小，基础力 J 就越小；导力配合力 d 为 0，J 就为 0。d 是导力主动配合基力的力度。

由（1）和（2）得到易极的动能

$$S = cDJ = cmQg \cdot nGd = cmnQGdg = \beta QGdg = \beta QG\eta \tag{3}$$

其中：

$$\beta = cmn \tag{4}$$

β 是动能方程系数；

$$\eta = dg \tag{5}$$

η 是综合配合力度（包容力度）。

由（3）可知，易极动能是主导爻子的主导机制力 Q、基础爻子自身实力 G，以及 β、η 的 4 项乘积构成。η（=dg）还可以称为易极配合力度。

易极动能公式告诉我们，一个易极的动能大小不仅与其导力、基力有关，而且与阴阳配合力有关，其中任何一项为 0，则整个易极动能亦为 0。这里尤其要注意配合力度 η，无论 d 或 g，都是对方主动配合己方的力度。怎样才能使对方主动配合自己呢？那就要看平常自己是怎样包容对方的。所以，配合力度反映的是包容力度。

易极的动能不是静态的，而是处于随时变化之中的。方程中的每个变量都是动态的，所以有以下动能动态方程：

$$S_t = cD_yJ_t = \beta Q_tG_t\eta_t = \beta Q_tG_td_tg_t \tag{6}$$

易极动能是什么？就是一个事物势力的大小。国家势力、公司势力、家庭势力、个人势力的大小都是由其易势大小决定的。什么是家庭势力、个人势力？在家庭与家庭、个人与个人的碰撞中，就会显示出它们势力的大小，这有无数的例子可以说明。

第二节 易极偶合力方程

阴配子与阳配子在卯榫力的驱使下结成了配偶对。结成配偶后，阴配子与阳配子之间不仅有卯榫力，而且有其他性质的力。这些力大体分为团聚力（又称向极力）和分散力（又称背极力）两类方向相反的力。配偶力的大小就是由团聚力与分散力的合力大小决定的。易极状态律指出，易极的状态由易极中配子之间的向极力与背极力相互作用的强弱状态所决定。将易极状态律用下列方程表示：

$$H = A\sum X - B\sum Y = A\ (X1+X2+X3+\cdots)\ -B(Y1+Y2+Y3+Y4+Y5+\cdots) \quad (7)$$

H——易极偶合力；

X——向极力；

Y——背极力；

A、B——系数。

以上方程称为易极偶合力方程。

阴阳对，是阴与阳的辨析合一体（千万注意：阴阳论中的“阴阳合一体”与黑格尔辩证法中的“对立同一体”或“对立统一体”不是同一个概念，两者有着本质的不同）。阴阳合一体是这样的一个事物：阴配子与阳配子间由于存在强大的阴阳互偶力（又称卯榫力），这种卯榫力驱使两者合为一体。卯榫力是团聚力、向心力，是维系合一体存在的主要动力。但合一体中还存在反向力、离心力。阴配子与阳配子进入合一体后自己并没有完全消失，它们在合一体中存在着。注意：阴阳合一体中的阴配子和阳配子与不在阴阳合一体的阴子和阳子既有相同点，又有一定差别。相同点是，主要特质，即主要的阴性或阳性都基本一致。但进入阴阳合一体后，它们都受到对方一定的制约，这些制约要求双方在特质、特性方面进行某些改变，以适应对方的特质、特性，以利合一体的存在和运动。这种改变称为配子特质重塑，简称配子重塑。经过特质重塑后的阴配子、阳配子当然与没有经过特质重塑的阴子、阳子有所区别。虽然经过配子重塑，但配子原来的特质并没有完全消失，没有被完全同质化、同一化，双方原来的主要特质仍然保持着，即阴阳特性仍保持着，这样双方都需要保持一定的相对的活动独立性，两者需要保持一定的距离。两者要保持着一定的距离，就必须有某些力抵抗团聚力，这些抵抗团聚力的力，是分散力、离心力（统称背极力）。阴阳配子既合一，又不同一。所以，阴阳合一体中存在方向相反、相互作用的两种力，两种力的相互作用维系着合一体的存在和运动。

向极力 X 是易极中的团聚力、向心力，它主要包括配偶力（卯榫力）X1、互需力 X2、互补力 X3 等。配偶力 X1 或称卯榫力是阴阳配对的主要向极力，它占有主要的权重，它来自异性爻子本身性质。互需力 X2 的含义较广泛，异性爻子不仅在卯榫性方面相互需要，而且在其他方面也相互需要。互补力 X3 是由双方特质差异形成互补的团聚力，简称特质差异互补力。

背极力 Y 是易极中的分散力、离心力，它主要包括特质保持力 Y1、特质差异分散力 Y2、易极外异性爻子魅力的吸引力（又可称为花心力）Y3、异心力 Y4、易极本身不能控制的外界压力 Y5 等。Y1 是主要的离心力，这种离心力使阴阳配子保持一定的距离；特质差异形成两种方向相反的力：一是特质差异互补力 X3，二是特质差异分散力 Y2，这两种差异力同时存在，只是因条件不同发挥作用的强弱有所变化。特质不同，运动方式、运动方向等就有差异，这种差异会导致分散倾向。如果相互包容力度 η 大，分散力 Y2 受到的制约就大，那么 Y2 就小；如果相互包容力 η 小，那么 Y2 就大。花心力 Y3 有可能会出现，或者说在阴阳场中经常存在。无论在物理世界或人类社会，易极外魅力强的异性爻子的吸引力所造成的易极内的分散倾向的情况都十分严重，异心力 Y4 在配子数量较多的易极内的存在有一定的概率。有少数配子与合一体的整体利益没有保持一致，它们始终或间断地表现了异心行为。外力 Y5 在通常情况下是不存在的，而它只在特殊情况下出现。Y5 是指这样一些情况：例如，夫妻被外力强行拆散，公司被强行解体，给液体加温，用中子轰击原子等。背极力 Y 由特质保持力 Y1、分散力 Y2、花心力 Y3、异心力 Y4、外压力 Y5 等构成，其中 Y1 是主要的离心力且始终存在。

阴阳合一体的状态就是由向极力 X 与背极力 Y 的强弱比较而决定的。H 有三种基本状态，即 $H>0$、$H=0$、$H<0$，只有 $H>0$ 的状态是正常状态，$H=0$

才能保持平衡，$H<0$ 是不正常的，易极将解体，如果没有解体就一定还有某种外力使之维系着。

易极状态是动态的，向极力与背极力都是动态变化的，其变化率随时间而变化：

$$H_T = aX_T - bY_t = adx/dt - bdy/dt \quad (8)$$

其中：$X_T = dx/dt$，$Y_t = dy/dt$。

式中 T，t 指时间。

第五章 / chapter 5

事实世界中的阴阳

第一节　物理化学世界中的阴阳

一、原子中的阴阳

原子是由阳配子原子核与阴配子核外电子辨析构成的阴阳合一体。在原子偶极中，在常态下，优势爻子是阳配子原子核，电子是基础配子。优势爻子具有质的规定性和运动方向的主导性。原子的性质由优势配子原子核决定。一旦原子核少了或多了几个质子，原子的性质就变了，就变成其他元素了。一旦少了或多了几个中子，原子的性质虽没有质变，但已成为原来的原子的同位素了。原子的运动也是由阳配子原子核主导的。

易极原子中存在方向相反的两种力，即向极力 X 与背极力 Y，向极力与背极力性质相反、方向相反，它们是反成而合一的。卯榫力 X1 是阳配子原子核与阴配子电子在电磁性上互偶形成的，具体地说，是阳配子原子核与阴配子电子在阴阳场（电磁场）中通过交换光子而相互吸引，形成配偶对。卯榫力 X1 是原子保持常态的主要团聚力。

阳配子原子核与阴配子电子之间存在背极力。首先，电子绕核高速旋转，产生很大的离心力 Y1，它使得电子不会被核完全吸入。其次，原子核与电子间还存在电子运动的动能与电子和核之间的距离的反比关系：

$$\Delta x \cdot \Delta \rho_x \geqslant h/2$$

Δx 是位置变化量，$\Delta \rho_x$ 是动能变化量，h 是普朗克常数。距离 Δx 越小，动能 $\Delta \rho_x$ 就越大，离心力就越大，这就使得电子能不被核完全吸入。相反，若 Δx 越大，动能 $\Delta \rho_x$ 就越小，离心力就越小，吸引力就越大，它使得电子不会飞离原子核，保持阴阳合一体的存在。

当原子进入阴阳场中时，由于有大量的魅力较强的异性爻子的出现，配子产生花心力、异心力的情况也随之出现了。电子是最活跃的爻子，尤其是最外层的电子脱离原来的核而投入其他核的情况是经常发生的。吸引了较多电子的原子成为负离子；失去一些电子的核，就成为正离子了。离子的魅力很强，它们对异性爻子有极强的卯榫力。在相互争夺中，有时两个或多个核共有一个或多个电子，这样不仅使自己保持稳定，而且还与共价的其他核形成聚合体（命运共同体）。化学电子共价键就是这样形成的。

外力 Y5 的出现会打乱易极原来的状态，使原子发生种种变化。外力通常有温度、压力、光照或其他类型的输入能量等的变化。温度升高到一定程度，或压力增大到一定程度，或其他类型的能量输入达到一定程度，等等，使电子原来的运动轨迹发生极大的改变。例如，高能量输入，会使电子从低能级跃迁到高能级，使原子处于激发态。激发态虽然也是平衡态，但它不同于原来的常态（基态），它的外层电子极易飞离原子。如果外压力进一步增大，外层电子就飞离了核的吸引，使核成为离子，飞出的电子成为自由电子。

总之，易极原子中的向极力与背极力是反成合一的，并随外压力的变化而变化。

二、无机分子中的阴阳

除单质体外，大多数分子是化合物，它们是阳离子与阴离子通过冲和反应（在化学中称为“中和反应”）而形成的。这是老子的“二生三”“冲气以为和”的论述所表达的。阴阳二气在阴阳场中经过冲和，在卯榫力的驱使下，阴阳两两结成配偶，这个配偶对，即阴阳对就是一个新生的物质分子。这个新生的物既与其父母的结构（不妨称为“无机物中的基因”）有相同之处，又与父母有不同之处。但是，结构的微小差异，就会引起性质的不同，这是位爻定性律所指出的。

以上说的是单个分子，但物体是由大量分子组成的。大量分子组成了阴阳场，每个分子在阴阳场中都既受到吸引力的作用，又受到排斥力的作用。因为在阴阳场中存在大量的原子核、电子，这就在原子核与原子核之间、原子核与电子之间、电子与电子之间发生同性相斥、异性相吸的阴阳配子相互作用，即发生吸引力与排斥力的反成合一作用。但是，它们的引力与斥力相互作用的情况要根据分子之间的距离而定。当分子间的距离大于 10^{-9} 米时，分子间几乎没有相互作用。以 10^{-9} 米为半径作一个球，只有球内的分子间才能发生相互作用。这个球被称为分子力的作用球。所以，引力或斥力能否发生作用，是有条件的。这个条件就是老子所说的："道生一" 的那个 "一"，即被笔者命名的 "概一"，即一个概率事件的发生。在道内部，当发生了某个概率事件时，就会产生出在这一概率事件下的阴和阳。有概一事件发生，才能分出新阴阳，没有概一事件发生，就不会有新的阴阳产生。气体分子间的距离通常都大于作用球半径，有时气体分子间的距离达到几厘米甚至十几厘米。在这种条件下，气体分子间就既不存在引力也不存在斥力。但是，如果给气体加压，使得气体分子间的距离 r_0 小于作用球半径，那么，其分子间的引力和斥力就同时产生了，就分出新的阴和阳了。当 r_0 介于 $10^{-9} \sim 10^{-10}$ 米时，分子间的引力大于斥力；当 r_0 小于 10^{-10} 米时，分子间的引力小于斥力。在接近 10^{-10} 米时，引力与斥力大体相当。不同的概一会产生不同的阴阳。如果给气体加温，当温度达到 $10^4 \sim 10^8$K 时，不仅气体分子相互远离，而且原子内电子的动能逐渐增加，最外层电子飞离了原子核的引力作用范围，而成为自由电子，原子核失去部分电子后成为离子，阴阳分离了，事物的性质发生顿变，气态顿变为等离子态。

第二节　生物中的阴阳

一、有机分子中的阴阳

有机分子中，阴阳反成合一律、优势爻子主导律、位爻定性律等有极其充分的表达。有机分子比无机分子要复杂，有机分子可以聚合成大分子。但不论有机分子如何复杂，它们必定是由阴配子与阳配子的互偶力连接而成。有机分子中有大量的原子，又有许多官能团，大量的原子核、大量的电子、较多的官能团，这些具有阴性或阳性的粒子与粒子之间，官能团与官能团之间、粒子与官能团之间形成了复杂的相互关系，连接阴配子与阳配子的化学键也有多种类型，化学键的连接强弱也有差别。所以，有机分子中的动能和势能的变化都极其复杂。主要由于各种化学键的强弱不同，有机分子受外力 Y5 的影响较大，尤其受催化剂、溶剂和温度的影响最大。有机分子中，碳（元素符号 C）原子是基础爻子，因为它是有机分子的骨架，它有链状和环状两种基本类型，其他的原子或原子团都是与 C 骨架建立联系的。所以，有机分子就分为链状化合物和环状化合物两大类。两大类化学物各有其不同的基本性质，但是，具体的有机化学物的性质是由联接在 C 骨架上的爻子或爻子团决定的，或者说，是由 C 骨架的性质与联接在 C 骨架的爻子或爻子团共同决定的。阴阳位爻定性律在有机分子中起着关键的作用；也就是说，有机分子的性质是由组成它的爻子的位点及位点上的爻子的属性辨析决定的。

O
‖
—C—是羰基

O
‖
—C—H 是醛基

O
‖
—C—OH 是羧基

O
‖
—C—O—R是脂基

这几种官能团的结构只有微小的差别，联接在羰基上的原子或原子团的差异使它们成为功能不同的官能团。

O
‖
CH_3—C—H 是乙醛

O
‖
CH_3—C—OH 是乙酸

两者只在一个位点上的爻子有微小的差别，乙酸的右边仅多了一个氧原子，两者的性质有了很大的差别。

二、生物化学中的阴阳

研究生物分子遇到的第一个哲学问题就是不对称性。在分子生物学中，将分子的不对称性称为“手性”。从结构上说，手性分子的实物与其镜像不能重叠，具体讲，手性分子能使圆偏振光偏转。能使圆偏振光偏转的分子被称为具有光学活性。凡是生物分子均具有光学活性，凡是不具有光学活性的分子必定不是生物分子。所以，分子是否具有光学活性成为判断生物与非生物的显著标准。按照生物分子使偏振光发生偏转方向的不同，生物分子又分为L左旋和D右旋两大类。凡是构成蛋白质分子的氨基酸都是左旋的，凡是构成遗传基因的核酸分子都是右旋的。从阴阳哲学上说，分子是否具有不对称性，是区别生物与非生物的标准。杨振宁与李政道因发现了宇称不守恒定律而获得诺贝尔物理学奖后，曾有西方评论家指出，也许是阴阳的不对称性在两位来自中国的科学家脑中留有深刻印象的缘故。阴与阳在互偶力的驱使下，可以结成配偶对，但它们是不对称的。不对称是阴阳关系的固有性质。所以，阴阳的不对称性对生物具有决定意义。

生物分子都是结构很复杂的大分子。从阴阳哲学上来说，生物分子是个巨大的阴阳场，在这个场中，各种爻子（电子、氢离子、官能团、金属离子等）因其易性魅力的不同，会结成很多不同的阴阳对，而这些阴阳对的偶合力H的大小是不一样的。例如，有氢键、二硫键、盐键、脂键、疏水键、金属键等。氢键偶合力小，易被拆开。二硫键、盐键的偶合力都较大，成为蛋白质空间结构稳定的主要原因。但这也不是绝对的，遇到强的外力，它们也会被拆开。在条件稳定下，经过激烈的相互争夺后，各种异性爻子结成了许多偶极，形成了稳定的总结构。但是，只要外界条件（例如，温度、压力、催化剂等）发生变化，生物大分子内各种爻子就会发生重新组合，例如发生加成反应、聚合反应、水解反应、消去反应、取代反应、氧化反应、银镜反应、氢化反应、酯化反应等。总之，是各种阴配子与各种阳配子的结合与离散、再结合与再离散等的过程，是偶极力强弱的较量，是向极力与背极力大小的较量，是配子魅力大小的较量。几乎所有的阴阳结构、性质、变化在生物分子及生物分子的变化中都有摹写。

三、基因中的阴阳

所有生物的性状都是由基因决定的，而基因的遗传密码是由碱基对的排列长度和排列顺序决定的。基因是严格遵循阴阳律的。每个碱基对都由阴配子嘌呤和阳配子嘧啶辨析构成。阴阳的同性相斥、异性相吸阴阳律首先发生作用，只能发生嘌呤与嘧啶的碱基配对，而不能发生腺嘌呤与鸟嘌呤的碱基配对、胞嘧啶与胸腺嘧啶的碱基配对。生物细胞中的两条螺旋状 DNA 长链也是反向交错在一起的，而不是同向并列的，这里也体现了阴阳合一的规律。解读基因组，既要运用位爻定性律，也要运用连体位序律。考虑链上的位点及其位点上的爻子属性，当然是最基本的方法，但还要用连体方法来解读。几个位点及其上的爻子属性构成一个连体，几个连体又构成上一层的连体。每个连体或每个连体层次，都有其特殊的遗传信息。DNA 长链上的 AT、CG 阴阳对的排列与八卦中的阴阳爻的排列何其相似。

遗传与变异是一对阴阳配子，遗传是阴配子，变异是阳配子。阴配子是基础，阳配子是主导。生物性状的延续是以遗传为基础，以变异为主导的阴阳合一体。遗传使得生物个体的主要性状的基因保持了种群基因库的主要成分，是种群存在和繁衍的基础。变异使得生物个体获得种群基因库中没有的新成分，这种新的变异基因数量与种群基因库中的基因数量相比显得微不足道。但是，在持续的生存压力下，在世代繁衍的积累中，变异基因数量越积越多，终于使生物性状发生了顿变，诞生了一个新的物种。从整个生物进化的角度看，没有变异就没有生物的进化，所以，变异是主导。进化是缓慢的过程，是渐化顿变阴阳律主导的过程。

四、动物中的阴阳

动物是生物，生物的本质特征是生命，是活着，它被笔者称为活在性。阴阳相比较而存在，动物是相对于植物而言的，动物的本质特征好像就是其能主动地移动，而植物就不行。动物为什么要动？因为它要寻找食物，没有食物就不能活。生物的本质特征驱使动物要移动地寻找食物。植物为什么不需要移动寻找食物就能活，而动物就不行呢？因为植物能将无机物在自己的体内合成为所需要的有机物营养成分，而动物就不行。动物不能在自己的体内将无机物合成为有机物，它要吃现成的有机食物，要到处走动去寻找食物，所以动物是被食物主导的生物体。这样的结论也是很平凡的结论，因为我们还没有对被食物主导的动物作阴阳辨析。我们以食物的作用为辨析尺度，对动物作辨析。动物是由饥饿约束性和饱食自由性辨析构成的食物主导性阴阳合一体，饥饿约束性是阴配子，饱食自由性是阳配子。这一辨析看上去也很平凡。人类是动物的一员，当将这一辨析运用于人类时，就立即看到它的不同凡响的意义：人类庞大的人口是由饥饿约束性组织起来的，也就是说，饥饿约束性是人类社会的组织大纲；人类的创造性是饱食自由性的展现。现代科技为什么在西方发达国家发展起来？因为一些西方国家靠暴力掠夺，早就解决了饥饿约束性控制，早就进入饱食自由性阶段。在衣食无忧的情况下，人们才能进行自由的研究和创造。

动物的本质是食物主导性阴阳合一体，饱食自由性是阳配子。那么，动物继续进化，就会沿着阳配子主导的方向发展，也就是沿着饱食自由性的展现方向发展。饱食自由性展现在哪些方面呢？人类达到相对于动物来说是饱食自由性阶段后，要做什么呢？他们有时间琢磨发明更多更好的工具，当食物进一步丰富起来后，他们要使生活越来越好，于是，他们开始唱歌、跳舞、纹身等，开始展现自己的个性，并开始体恤鳏寡孤独、老弱病残，展现了爱和善（不过，那时他们并不知道什么是爱、什么是善。）这里，饱食自由性在两个方面展现出来：一是创造性，二是求美性，这才使人类进化出自觉功能。我们说，人类的本质是求美，这一求美本质是在动物的食物主导性本质基础上进化出来的，具体地说，是在动物本质的阳配子发展方向进化出来的。由此可见，对动物本质的辨析与人类息息相关。

第三节　人类社会中的阴阳

一、人类个体中的阴阳

单个人是一个易极，可从各种角度对人做多方面的辨析。

以人的表征为辨析尺度，将单个人辨析为肉体（身体）活动和精神活动的阴阳合一体，肉体活动为阴配子，精神活动为阳配子。一个人既以身体活动表征着，又以精神活动表征着，前者表征的是其生物人特征，后者表征的是其社会人特征。

阴配子是基础，阳配子是主导。在肉体活动与精神活动的关系中，阴配子肉体活动是基础，这是人人都懂的道理。精神活动是肉体特殊器官——大脑功能的显现。大脑活动正常，人的精神活动才能正常开展；大脑若受疾病影响而导致活动不正常，人的精神活动就会受到影响；大脑如果因严重疾病使其活动严重不正常，其精神活动就会受到严重影响；大脑如果死亡了，精神活动也就跟着死亡了，也就意味着人个体死亡了。无论阴配子或阳配子的消失，都意味着易极的崩溃或严重破缺。

阳配子精神活动是人的主导。一个人是在其精神的主导下展开他的身体活动的，而不是无目的地活动。人类是社会性极强的生物物种，人类社会中的个人，由他的社会性决定着，而他的社会性来自他的精神活动。阳配子具有质的规定性，个体人的本质就是由他的阳配子精神活动决定的。一个人是成年人还是未成年人，就看他的精神活动是否成熟；一个人是好人还是坏人，就看他的活动是有利于还是有害于社会和民众。精神的主导性还表现在对肉体的作用上。一个人可能会被气死、急死、抑郁而死、悲伤致死、信念崩溃等引起的精神崩溃而死（例如自杀），这些都是精神活动异常导致躯体活动异常而发生的。如果精神活动始终以快乐状态为背景，则必将极大地提高躯体活动的健康性和效率。如果一个人要身体健康，那么始终保持精神愉快是第一条件。躯体活动与精神活动是性质相反的两种活动，它们相互依存、相互需要、相互补充、相互抑制，同时又相互促进，两者反成合一于人的整体中。

二、最小要域（家庭）中的阴阳

最小要域在当代是指家庭。家庭是以夫妻关系为纲而组建的，虽然家庭中还有其他成员，但只起辅助作用，所以分析家庭关系，以分析夫妻关系为主。

夫妻就是一个阴阳对、阴阳合一体，妻是阴配子，夫是阳配子。不能不承认，人类社会中的家庭以阳配子为主导、以阴配子为基础的事实。除了个别极少数的家庭外，优势爻子是丈夫，基础爻子是妻子。这完全符合阴阳律。妻子是基础爻子，什么是基础作用？中国有句话说："无妻不成家。"这不仅是指阴阳不可分离，因为分离后家就解体了，更主要的是指妻子在家庭中的作用。生儿育女是组建家庭最基本、最主要的目的。虽然这个目标由夫妻共同完成，但主要是由妻子承担的。丈夫只提供一些精子，后续的妊娠、分娩、育儿等苦累、危险的过程都由妻子来承担。家务事看似事小，其实非常重要，这也主要由妻子承担。其中，抚育儿女是最主要的家务事，它主要由妻子承担，一日三餐于健康至关重要，清洗、打扫、整理等，于家庭也是极为重要的。什么是丈夫的主导作用？在男人主宰的社会中，家庭的经济来源主要依靠丈夫及其外交、投资等社交、经济活动，通常也以男人的意见为主。

夫妻不仅是反成合一的，而且是相辅相成的。他们相互需要、相互补充、相互促进、共同发展。丈夫挣钱，妻子理财，他们的能力相得益彰。丈夫向外表现了家庭的阳刚，妻子向外表现了家庭的阴柔，相辅相成，展现了家庭的正道风貌。严父与慈母相结合，使子女得到阴阳平衡的教育。如果在教育子女问题上阴阳失衡，就既可能产生"小皇帝"，也可能产生"小绵羊"。如果只有严没有慈，或只有慈没有严，孩子的心理成长就很可能出问题。

夫妻间的相互作用表现得很复杂，他们之间既存在团聚力，又存在分散力。夫妻结婚后，首先进入磨合期。要磨合什么？要磨合特性、特质，这叫阴阳配子重塑。双方都要学会适应对方，要改变自己的生活习惯、饮食习惯、说话方式和行为方式等。适应重塑得好，团聚力就加强，适应重塑得不好，就龃龉不断，分散力就增大。在易极动能方程中，有导力配合力 d 和基力配合力 g，这就是指配子重塑的效率。不管磨合重塑的程度如何，双方的基本特质、特性都不可能完全改变，也就是说，特质保持力 Y1、特质差异分散力 Y2 都始终存在，分散力始终存在，他们都不可能事事一致。人是处在阴阳场中的，出现花心力 Y3 是司空见惯的，由花心力的急剧增长导致家庭破裂的事件是层出不穷的。异心力 Y4 通常情况是不存在的，但是，由花心力导致异心力的产生却是常见现象。有些人结婚动机并不是真心地要与对方生活，而是想要得到对方的财产、金钱等，或者出于某些其他动机，他们从一开始就怀着异心力 Y4。外力 Y5 通常在极端情况下才出现。例如，父母坚决拆散子女婚姻的事件时有发生；用暴力占有他人之妻的事件也时有耳闻，等等。

虽然随着社会的剧烈变化、社会风气趋向于更加自由，离婚率呈上升趋势，单身家庭在逐渐增多，但是，绝大部分家庭仍然保持稳定。也就是说，团聚力 X 通常大于分散力 Y。虽然家庭生活中充满着龃龉，甚至抵牾，但通常能化解，这就是包容力 d、g 的作用。

人进入婚姻，结成阴阳对，是自然之合、天道之合。自此，人才向完整、完善发展。也就是说，不结成阴阳对，人就不可能完整、完善。什么叫人的完整？人的基本职责的完成叫人的完整。人的基本职责包括生物性职责和社会性职责。人的生物性职责指结成配偶对、生儿育女，这与动物是极其近似的。没有完成延续物种的责任，怎么能说完整呢？什么叫人的完善？配子重塑程度高、社会重塑程度高的人才叫完善，两者缺一不可。要理解配子重塑，从反面理解可能更容易一些，即分析孤子的不完善就可以理解配子重塑的重要性。我们分析过孤子与配子的差别，总的来说，孤子不稳定是其主要特征。所以，不进入阴阳对，就是孤子，没有经过配子重塑，就必定是不完善的。(关于人的社会性职责、人的社会重塑，本节不予讨论。)

三、社会组织中的阴阳

人类社会是以社会组织为单位进行活动的，社会组织是人类社会的细胞，广大的人口都分布到各种各样的社会组织中，成为社会细胞中的组分，所以人被称为社会动物。任何社会组织都是一个阴阳合一体。以社会组织中的人员作用为尺度，可将社会组织辨析为领导集团和组员，组员是阴配子，领导集团是阳配子。这样辨析后，就可以用各种阴阳律、爻子性质来分析阴配子与阳配子的关系了。这是根据阴阳性质、阴阳逻辑进行理论推导，就如同根据物理公式推导物理元素之间的关系一样。这里，阳配子是优势爻子，是易极的主导，易极的性质（社会组织的性质）、易极的发展方向（社会组织的发展方向）都由阳配子领导集团决定。决定正确，组织发展就快；决定错误，组织就发展慢，甚至走弯路；决定严重错误，组织可能会崩溃。组员是阴配子，是基础爻子。没有组员，组织就不存在，阴配子与阳配子是相互依存的。阴配子强，易极就强；阴配子弱，易极就弱。什么叫阴配子强弱？也就是组员能力、能量的强弱。各个社会组织为什么要争得人才？就是希望阴配子强大，阴配子强大了，易极就容易发展强大。

但是，组织能不能强大，不仅要看阴配子与阳配子是否强大，而且要看两者的配合。易极动能方程指出：$S=cDJ$，式中：D 是主导爻子的主导力，J 是基础爻子的基础力。社会组织的动能就由领导集团的导力 D 和组员的基力 J 共同决定。但是，导力 D 和基力 J 的大小都不仅与自身有关，还与对方密切相关。

导力公式：$D=mQg$，其中：Q 是主导爻子自身主导机制力，g 是基础爻子主动配偶导力的配合力。主导机制力 Q 大，主导力 D 就大，Q 小，D 就小；但主导力是不能单独发挥作用的，它必须在基础力的配合下才能发挥作用；配合力 g 强，主导力 D 就大；g 弱，D 就小，如果配合力为 0，那么主导力也就为 0。

基力公式：$J=nGd$，其中：G 是基础爻子自身实力，d 是主导爻子主动配合基力的配合力。基力 J 的大小不仅与自身实力 G 的大小有关，而且与主导爻子的配合力 d 的大小也有关系。基础力也是不能单独发挥作用的，它必须在主导力的主导下才能发挥作用，而且与导力的配合力 d 越大，基础力也就越大，导力配合力 d 越小，基础力也就越小，导力配合力 d 为 0，J 就为 0。

任何社会组织的动能大小和状态都可由易极动能的三个方程来描述。领导集团要制定科学的管理机制，提高主导机制力 Q，要培训员工，提高员工的实力 G。仅有这些还不够，还要提高两者的配合力 g 和 d。提高配合力既要有长期机制，又要有及时机制，两者都要有所准备。社会组织在社会中的状态是动态的，不要以为制度制定了就万事大吉，制度的执行、考察、评价和修订是要经常地、长期地进行的。

社会组织的偶合力状态是至关重要的。偶合力由向极力与背极力辨析构成。加强互偶力 X1 是最主要的。从阴配子方面分析，组员为什么要进这个组织？在市场经济中，组员是为经济利益而来的；从阳配子方面分析，你构建这个组织是为了什么？所有经济组织都是为了经济利益而组建的，都是为利而为的。阴阳双方都为了利而走到一起，这里就有利益分配问题。分配恰当，互偶力 X1 就大；分配不当，X1 就小。还有互需力 X2。经济利益虽然是主要目的，但组员们还有其他需要。如他们想要提高技能、储备信息、拓展社会关系等，有些还希望收获爱情，有些还希望在环境方面得到安宁，等等。组织若能满足组员这些方面的需要，定能提高 X2。组员也要为领导着想，急领导之所急，为了整体的、长期的利益，组员适当地牺牲自己的利益也是必要的。加强特质互补力 X3，就是让自身的能力、特长在组织中发挥独特的作用。不管是领导或组员，每个人都既有所长，亦有所短。将自己的特长尽力地发挥出助益作用，对整体效能的提高能起到特别的作用。

要分析社会组织中的背极力，组员越多的组织，就越复杂。最大的背极力是特质保持力 Y1。双方都要保持自己的本质特性，而双方的本质特性是不可能相同的。雇用者与被雇用者的本质相反，两者必然存在最基本的分散力；管理者与被管理者的特质是相反的，也是基本分散力产生的原因之一。如何克制特质保持力 Y1？那就要增强团聚力 X。特质差异力 Y2 在社会组织中总的来说表现得不是很突出，但一定存在。在小的管理范围内，Y2 有可能表现较强。比如，在某个管理部门，负责人与某个或所有部门成员，或部门正与副负责人之间，甚至领导与领导之间，由于特质差异而形成分散倾向的现象是常见的。特质差异既能产生互补作用 X3，也能产生分散作用 Y2。特质差异在人身上，主要表现为脾气、性格、风格、生活习惯、说话方式、行为方式的差异，甚至包括性别、年龄、身高、文化程度、地域、民族等造成的差异。善用人者，会使特质差异发挥互补作用；不善用人者，对差异分散力视而不见，甚至任其发展。懂得阴阳论者就善用人，不懂得阴阳论者就不善用人，其效果是有差别的。在社会组织中，花心力 Y3、异心力 Y4 的存在是司空见惯的，两者都是员工跳槽的原因，但两者的本质是不同的。其他组织（尤其是附近的同类组织）的魅力与自己的组织的魅力会形成魅力差，魅力差越大，花心力就越大，员工跳槽的概率就越大；魅力差越小，花心力就越小，跳槽概率就越小。异心力 Y4 通常是没有的或极少的，如果一旦存在，就要特别警惕，因为后果可能是较严重的，因为他们会起破坏作用。窃取你的技术秘诀、安全秘诀、经营战略、发展规划、经济实力数据等，可能会带来致命的打击。社会大环境给社会组织带来的外部压力 Y5 也是始终存在的。不过，这要视具体情况来分析，这里无法做具体讨论。

社会组织的能量是由动能和偶合力辨析构成的，偶合力是基础爻子，动能是主导爻子。要分析和发挥两者的辨析关系、辨析作用，主动地运用阴阳论为自己服务。

四、最大要域（国家）中的阴阳

最大要域在当代是指国家，最小要域是指家庭。国家、家庭也都是社会组织，但与其他社会组织有本质的不同。它们是生存要域，是域中所有成员生于斯、长于斯、休戚相关、生死与共的归宿性组织，是感情、价值的归宿性组织（是归宿性组织，而不是归属性组织）。国家是由国民和国家领导集体辨析构成的阴阳合一体，国民是阴配子，国家领导集体是阳配子。分析国家时，笔者首先想到的是阳配子的质的规定性和发展方向的主导性。世界上有一两百个国家，没有两个完全相同的国家。国家实行什么样的国体、政体，以及什么样的制度和法律，都是由阳配子国家领导集体决定的，首先是开国领导集体决定的。国体、政体、制度不同，给阴配子国民带来的生存方式、生活方式都是大不一样的。一百多年来，中国受尽列强的欺压，1949 年，中国共产党率领全国人民推翻了三座大山，建立了新中国，让中国人民从此挺直了腰杆。一场武器装备异常悬殊的反侵略战争——朝鲜战争，让全世界对新中国刮目相看，中华民族真正站立起来了。中华民族的这个巨大的历史转折，是新中国领导集体正确领导的结果，是阳配子主导正确的结果。国家向什么方向发展，用什么方式发展，都是由阳配子决定的。国家的运动是由国策（包括制度、法规、法令、政策等）的制定和发布与国策的执行辨析构成的阴阳合一体，国策发布是阴配子，国策的执行是阳配子。再好的政策、法律，如果不能贯彻，或贯彻不完全，也是枉然，所以，国策的执行是阳配子。国策的制定和发布，是国家领导集体的主要职责之一；而国策的执行主要依靠各级官员。所以，吏治是关系国家命运的头等大事。不从严治吏，无以谈治国；不从严治吏，无以谈治省；不从严治吏，无以谈治县。治吏作为一个事物也是一个阴阳合一体，治吏政策是阴配子，治吏行动是阳配子。治吏政策，大多数国家都有明文，因为要取信于民，不能没有治吏政策的发布。但是，治吏行动就是另外一回事了。中国治吏比外国治吏更难。中国治吏为什么这么难？因为两千多年的封建传统意识深深扎根于官员与民众的思想之中。封建意识的主要标志是权力意识和等级意识，在行为中就表现为升官发财思想和家长制思想。

国家的势能是由其团聚力 X 与分散力 Y 的强弱对比决定的。一切政策要靠人去执行，一切物质力量要靠人去创造，一切对抗要靠人去对决。团聚力与分散力的体现都在于人，所以，加强团聚力、削弱分散力是增强国势的最根本任务。物质的力量是重要的，是基础，是阴配子，但支配物质的人是更重要的，是阳配子。调动人的积极性、创造性和向心力无疑才是重要的。

国家是个巨大的系统，从任何单一方面不能将国家分析清楚，而要使用阴阳辨析网络进行多角度的辨析。本书第一章曾经说过，辨析网络有平面网络和立体网络两种，可使用立体辨析网络来分析国家。

第四节　电子计算机中的阴阳

智能化正迅速地向人类活动的各个领域扩张，已经并将更广泛、更深刻地改变人类的生存方式。智能化是建立在电脑微型化基础之上的，电脑是建立在逻辑门电路基础之上的，逻辑门电路是建立在二进制数制基础之上的，而二进制数制来源于伏羲创立的八卦之阴阳。德国数学家、哲学家莱布里茨（G. W. Leibniz，1646—1716）从八卦中发现了二进制，并在此基础上发明了手摇演算机。人类发明的最神奇的工具——电子计算机原来也依赖于阴阳。电脑的运算、显示、控制等一切功能，都离不开阴阳。

第六章 / chapter 6

语言中的阴阳

所有的科研活动和成果都要用语言表达出来，而语言表达是用概念进行论述或推理的，所以概念正确与否具有决定性意义。研究概念间关系的学说属于逻辑学。西方哲学从亚里士多德直到今天，从没停止过对逻辑的研究。中国在先秦时期有逻辑研究，如墨子、荀子、名家及后期墨家等都研究过名辩、名实关系，但汉朝“罢黜百家”后，就再没有人研究了。在逻辑研究方面，中国哲学与西方哲学相去甚远。逻辑学是方法论之一，但它不是认识论。定义概念，逻辑学可以给出一些规则，但概念的内涵还是由实践给出的。所以，概念正确与否，并不是由逻辑学单独决定的，而是由人们认识事实世界是否正确，以及根据认识结果的表达是否正确而共同决定的。也许有人会说，概念正确与否，并不是很重要的，因为不正确可以修改。在自然科学研究中，通过科学实验，修改甚至废除某些概念，都是常有的事。但是在社会科学中要修改概念，尤其要修改重要概念，却是非同小可的事。历史不能重演，社会科学中的某些重大概念涉及千百万、上亿人的生活，甚至会影响一个国家、一个民族的命运。所以，找到一种正确定义和分析概念的方法至关重要，尤其在社会科学中。

概念是否正确，有两个影响因素：一是认识事物是否正确，二是根据认识结果表达是否正确。概念中的认识和表达两种成分也构成了一对偶极，对事物的认识是阴子，基于认识的概念表达是阳子，概念定义是认识事物与表达事物辨析构成的阴阳合一体。我们将这个合一体称为概念定义阴阳合一体，简称概念合一体。所以，阴阳论也渗透到语言中。

第一节　中国哲学存在的问题

中国哲学存在的问题是以西方哲学为鉴，经对照而发现的。在对照之前，中国哲学家们在自家的哲学田地里耕耘收获，自我感觉良好。中国哲学家发现不了中国哲学存在的问题，因为他们陷入了“苏东坡困境”——“不识庐山真面目，只缘身在此山中”。一经与西方哲学对照，中国哲学的一些问题就暴露出来了。笔者提出了十条阴阳规律，自出机杼的极少，绝大部分都是中国哲学家早就发现了的，只是过去没有冠以规律、规则、法则之名而已。为什么过去没有给这些发现冠以规则、规律之名呢？问题就出在西汉“罢黜百家，独尊儒术”后，我们中断了语言逻辑的研究。概念是语言表达最基础的构件，这一点中国哲学并不缺乏。古代中国哲学家缺乏的是对概念的明确定义。中国哲学中使用的大量概念都没有明确的定义，这使得判断、证明、推理缺乏逻辑的力量，自然也就没有总结出什么规则、法则、逻辑、规律来。中断语言逻辑的研究，尤其缺乏概念的明确定义，是中国哲学的先天性硬伤。有伤就要治，要老老实实地向西方哲学的形式逻辑学习。因此，笔者在整理发掘阴阳哲学时，给每个新概念以明确的定义。有了明确的概念，就可以将发现的事物的本质关系冠以规律了。

第二节　西方哲学存在的问题

西方哲学家也发现不了西方哲学存在的问题，因为他们也陷入了“苏东坡困境”。现在可用阴阳论为鉴，也来照一照西方哲学是否也有什么硬伤。在没对照之前，西方哲学家们在自己的哲学田地里耕耘收获，不仅自我感觉非常良好，而且还极端鄙视中国哲学。不照不知道，一照吓一跳。当笔者用阴阳论来鉴照西方哲学时，赫然发现，西方哲学的先天性硬伤更严重。西方哲学的先天性硬伤恰恰也出在概念定义上。

前文说过，概念是否正确，有两个影响因素：一是认识事物是否正确，二是根据认识结果的表达是否正确。概念中的认识和表达两种成分也构成了一对偶极，对事物的认识是阴子，基于认识的概念表达是阳子，概念定义是认识事物与表达事物辨析构成的阴阳合一体。在概念定义方面，虽然西方哲学的形式逻辑作了非常详细的研究和归纳，概括出十多种定义方法，但唯独少了辨析定义。西方哲学虽有形式逻辑和辩证法，但没有阴阳论，没有阴阳辨析，自然就不可能有辨析定义，这是西方哲学的先天性缺陷。关于概念的阴子——认识事物方面，中西方哲学有各自的认识论；在概念的阳子——认识的表达方面，西方哲学与阴阳论的差别非常显著且影响巨大。第三章第五节《辨析定义》专门介绍了上归辨析定义和下分辨析定义。西方哲学恰恰没有辨析定义，这是西方哲学的致命伤。没有上归定义的概念叫独身概念或称失配概念。独身概念由于没有受到配偶的制约，极易走向片面化、极端化。在哲学中，西方哲学有一些双概念是偶极概念，但还有很多双概念不是偶极概念。在世界政治领域，西方政治家们几乎从没有给他们提出的一些极重要概念配以配偶概念予以制约，以致一些极重要政治概念已经走向了片面化和极端化。没有下分定义的概念叫混沌概念。没有下分定义，就没有体现“万物负阴而抱阳”的基本规律，就没有找出概念所表达的事物中的阴阳配子，就不存在配子重塑，就不能运用一系列阴阳规律来阐述阴阳配子之间的关系，以及阴阳配子与阴阳合一体的关系，因此就不能揭示事物的本质及事物的运动方向。西方在哲学领域、社会学领域和政治领域中提出的概念，从来没有使用过下分定义。这是极其严重的理论问题和现实问题，给人类的发展带来了极其严重的危害。在西方社会科学著作中，除了马克思的极少数概念，几乎都是非辨析概念，要么是独身概念，要么是混沌概念。西方的双重标准的横行，究其原因皆来自其概念定义的先天性缺陷。西方提出的民主、自由、人权等概念，在当代世界政治中具有举足轻重的地位，但这些概念困扰着全世界的人们：这些概念具有社会进步意义，是个好东西，但为什么这些好东西在霸权主义者手里，就成了欺压第三世界的利器呢？第三世界各国却找不到反对它的理由，因为它们是个好东西，但在西方话语权的统治下，自由、民主、人权等概念已经成为悬在第三世界各国头上的“达摩克利斯之剑”，成为干涉、欺压自己的法器，这些概念又似乎是个坏东西。在西方铸造的重型道德法器面前，第三世界各国找不到与这些概念相抗衡的理论而备受煎熬。在阴阳辨析看来，目前的民主、自由、人权等概念都既是混沌概念又是独身概念。今后世界政治的一个极重要的任务就是用阴阳下分定义方法揭示这些概念的本质内涵和发展方向，再给这些概念寻找配偶概念，结成配偶对，用它们的配偶概念防止它们走向片面化和极端化。

自由理论、民主理论、人权理论都是在资本主义萌芽和上升时期正式诞生的，这些具有进步意义的概念，经过几百年的发展，内容极为丰富且又极为复杂。笔者不是这方面的专家，难以发表真知灼见。但又想凭自己浅薄的知识，就人权问题谈谈自己的看法，供专家们批判和参考。

关于人权，第一个问题，人权究竟来自哪里。有人说天赋人权，有人说来自经济、文化、社会和政治的状况，双方各执一词，谁也说服不了谁。第二个问题，人权究竟包含哪些内容，没人说得清楚。1970 年，由来自塞内加尔的联合国人权委员会委员凯巴·姆巴耶正式提出了发展权概念，但发展权究竟包含哪些内容？联合国就此多次讨论并形成多个文件。几十年来，发展权处于不断的建构和丰富中，在这个不断建构和丰富的过程中，发展中国家与发达国家出现了分歧，甚至是严重分歧。发展权是不是天赋的呢？那要看你怎么定义发展权，以及发展权包含哪些权利。显然，具体的发展权不能脱离国家的社会经济基础以及由经济基础所制约的社会文化状况。从这个角度说，发展权不是天赋的，而是历史的产物。大家都知道，发展权很重要，但用发展权来表达人权，无论从宏观到微观，从历史到当今，从概念到现实总是说不清楚。分歧由此而来。

笔者在《和美人学》一书中从进化的角度对人物种进行了比较全面的研究，其中最关键的是找到了人物种的本质。人具有的权利显然来自人物种的本质，而人的本质来自人物种的进化。如果将来自物种进化的东西说成来自天赋，那么可以说天赋人权。以人物种的本质作辨析尺度，对人权作如下定义：人权是由活在性权利与美在性权利辨析构成的人权阴阳合一体，活在性权利是阴子，美在性权利是阳子。活在性权利就是以往所说的生存权，但内容更具体且具有理论根据。人的美在性特性用下分辨析，得到美生和美展两个配子，美生是阴子，美展是阳子。美生权利就是美满生活的权利，它包括幸福生活的权利和社会尊重的权利；美展权利包括资力（资源和才能）展示的权利和品德展示的权利。美展权利的这四项下分权利展开来，内容极为丰富。美在性权利是不是等于发展权呢？显然，两者不能等同，发展权属于美在性权利之一，但人的美在性权利内涵和外延都远远大于发展权。阴阳辨析可以层层下分辨析，使得人权的内容得到层层展开。这些展开的权利层次分明又紧密相关。人物种的本质的展开，就是人的权利，是进化赋予每个人的自然权利。这样定义和展开人权，就具有理论根据，而不是个人的主观看法。当然，天赋的权利要在现实中体现，必须依靠习俗和法律来保证，而法律是根据经济发展和文化发展等制定的。根据这条路线，有人就说，人权来自社会经济、文化和政治。其实，这种说法是片面的，错在将先天与后天完全割裂开来了。即使由基因决定的人的身体，其在后天的发育过程中也会受到后天的现实环境——例如营养、卫生条件等的严重影响。但这不能说，人的身体的发育是由后天环境决定的。正确的认识应将先天和后天辨析地结合起来。后天环境的作用仅具有影响意义，不具有本原作用。后天的经济、文化、政治等因素对人的本质的展开只具有影响的意义，不具有本原的意义。因此，我们要将来自先天的人的本质体现的权利与后天的各影响因素辨析地结合起来去正确地认识人权。

还要给人权概念作上归辨析：给人权概念寻找一个配偶，结成夫妻，组建一个家庭，使它不再独身而成为配偶概念。配偶概念就会受到配偶方一定程度的制约，这样它就能不再犯片面性错误。权力与责任是一对偶极概念，我们要给人权概念找的配偶概念应当是“人责”，由“人权”和“人责”组建的家庭，暂且称其为“人纲”，人责是阴子，人权是阳子。在人纲家庭中，阴子与阳子也是相互制约、相互需要、相互依存的。由此，在论述人权时，必须同时结合人责来论述，在评价人权时，必须结合责任来评价。根据阴阳逻辑，权力不可能凭空产生，没有尽到责任，西方发达国家就没有人权的评判权！西方发达国家不能凭空获得评判第三世界各国人权的权力，它只能在尽到责任时才能得到评判权。

西方政治家十分喜欢杜撰新名词、新概念，例如，什么“航行自由”“区域阻止”“流氓国家”“货币操纵国”“债务陷阱”等。今后，我们有理由要求他们对杜撰的新概念作下分定义和上归定义，以阻止他们随意给他国“扣帽子”“打棍子”。

西方哲学的硬伤是先天性的，因为它没有阴阳论，导致没有辨析定义。中国哲学的硬伤也是先天性的，因为其中断了语言逻辑的研究，缺乏形式逻辑，所以没有概念的严格定义。中西方在概念定义上都存在硬伤，但两者的硬伤性质不同。中国哲学的硬伤需用西方哲学的形式逻辑来治疗，西方哲学的硬伤需要中国哲学的辨析定义来治疗。相对来说，中国哲学的硬伤比较好治一些，因为现在形式逻辑已经普及了。而西方哲学的硬伤就比较难治，因为阴阳辨析要为广大学者所接受和掌握，还需要一段时间。

第七章 / chapter 7

中西二元哲学的比较

阴阳论与辩证法是古代被地理大隔绝的东、西方各自独创的哲学。在 18、19 世纪中、西方哲学第一次大碰撞中，阴阳论灰溜溜地败下阵来。阴阳论的败落不是败在阴阳论本身，而是败在语言逻辑研究的中断。现在阴阳论诞生了，阴阳论与辩证法自然将要进行第二次大碰撞。结果会如何，我们拭目以待。通过前一章的讨论，我们知道，在语言逻辑方面，中西哲学各自有先天的硬伤，算打个平手。中国阴阳哲学经疗伤后，在概念定义方面就优于未经疗伤的西方哲学了。本章来简单地比照一下阴阳论与辩证法，进行学术争鸣。不过，西方有各种各样的辩证法，例如赫拉克利特的辩证法、芝诺的辩证法、黑格尔的辩证法、马克思的辩证法等。本书要对照的是黑格尔的辩证法。

第一节　中西思维工具的差异

哲学是文化之根，人学是文化之干，其他文化都是文化之干开出的文化之花。中西方哲学的差异必然带来巨大的文化差异。哲学上的差异，造成了中西思维工具的差异。欧洲哲人以对立面的眼光看待世界的一切，中国哲人以阴阳的眼光看待世界的一切。要进行阴阳论与黑格尔辩证法的比照，还得从源头说起。

中国古人在观察自然和人类社会的存在及变化时，发现了二元现象。发明了阴阳符号来代表这二元。据郭沫若先生考证，阴子符号“--”和阳子符号“—”是雌雄动物生殖器官的象征。为了表达自然及人类社会的变化，伏羲用阴阳符号构建了八卦，企图用八卦中的阴阳关系来模拟真实事物之间的关系。阴阳符号的发明及阴阳关系的确定，意味着宇宙模型的建立。笔者将这个模型称为伏羲宇宙阴阳模型，简称伏羲模型或宇宙阴阳模型。八卦是二元符号系统，因为那时文字正处于发明初期，还不能用来准确地表达语言。到文字能表达语言时，根据伏羲宇宙阴阳模型，中国诞生了两部最伟大的哲学著作，那就是《易经》和《道德经》。这两部著作对宇宙、地球、自然界和人类社会的所有存在及其变化进行了最广泛的概括。阴阳关系是中国哲人发明的思维工具，自伏羲以后，中国人一直都用阴阳的观点来看待、分析和处理事物。春秋战国时代是中国文化第一次大发展的时代，创造了人类第一波文化文明。

古希腊哲人也发现了自然和人类社会存在和变化的二元现象，他们将这二元称为对立面。他们用对立面的关系来模拟实际事物之间的关系。但是，古希腊哲学家们没有关于对立面的广泛研究和成熟的哲学著作，没有可与《易经》和《道德经》相比肩的哲学著作诞生。直到 19 世纪，才有黑格尔将古希腊关于对立面的思想发展为黑格尔的矛盾辩证法（马克思称为的唯心主义辩证法），提出了辩证法三大规律。对立面的关系是欧洲哲人发明的思维工具。古希腊人也创立了第一波文化文明。在人类第一波文化文明的创立和发展中，中国古文化文明比古希腊古文化文明要更早、更丰富。

现在来分析两种思维工具的差异。对立面双方中的任何一方或矛盾双方中的任何一方都没有任何实际的含义，仅仅代表一方而已。在实际运用时，将某事物置于一方，将与之相对的另一事物置于另一方。笔者将这样的思维工具称为代数式思维工具。请注意，对立面关系中“对立”一词，它突出的显然是双方的对立地位，并没有表示双方的其他性质。而阴阳关系不是代数式的思维工具，因为阴阳双方都有其各自独立的含义，例如阴雌阳雄、阴柔阳刚、阴冷阳热等。笔者将阴阳关系的思维工具称为附义式思维工具。请注意，人们从夫妻关系中知道，阴阳关系突出的不是对立，而是和谐共处。中西思维工具的差别也体现在文字上，西文是由代数式字母构成的，而中文是由附义式汉字构成的。西文的每个字母都没有确定的含义，而中文的每个汉字都有其独立的意义。中西思维工具的差异主要表现在哲学思维工具和语言思维工具上，欧洲是代数式思维工具，而中国是附义式思维工具。中西文化上差异的根子就在思维工具的差异上。中西方哲学和人学的差异均可从思维工具的差异中找到线索。

第二节　中西二元哲学的差别

中西哲学家在认识世界时都发现了事物中的二元关系，并用各自的概念来表达这种二元关系，中国哲学用阴阳关系来表达，西方哲学用对立面（或后来的矛盾）关系来表达。从表面看，两者没多大差别，但其实差别极大，而且是两种哲学的根本差别。两种哲学的本质差别，体现在对两种二元关系本质的认识差别上。

有两种性质完全不同的二元关系：一是二元线性关系，一是二元非线性关系。普利高津曾指出，线性律与非线性律之间的一个明显的区别就是叠加性质有效还是无效。什么是线性关系？这从形式逻辑的“划分”规则中看得很清楚。划分的作用是对概念的外延进行分类，将属概念根据划分规则划分为种概念。属概念是上位概念，划分后得到的种概念是下位概念。划分规则要求：第一，划分要使用同一个标准；第二，划分后下位概念的外延不得相互包含；第三，下位概念外延之和要等于上位概念外延。从划分的第二规则可以清楚地看到，下位概念之间是互不包含的关系，是彼此独立的关系，是我中绝对不容你、你中绝对不容我的关系。因为下位概念彼此独立，因此既可以相互叠加，将叠加之和等于上位概念的外延；也可以相减，用列举下位概念的方法来表达上位概念。这样的关系就是典型的线性关系。如果划分后得到的下位概念只有两个，那么这两个下位概念的关系就是二元线性关系。什么是二元非线性关系呢？简单地说，就是我中有你、你中有我的关系，是相互包含的关系，是彼此不能独立存在而只能在合一体中相互依存的关系，因为彼此不能独立，所以就不能叠加。可见，二元线性关系和二元非线性关系是性质完全相反的两种关系，人们在认识事物内部的二元关系时必须要明确地指明二元关系的性质。

中国哲学的思维工具是阴阳关系，显然它是二元非线性关系，因为阴子与阳子彼此不能独立存在，而只能在合一体中相互依赖地存在。阴中包含着阳，阳中也包含着阴，阴阳是命运共同体。本书第一章曾专门讨论过阴阳关系的性质。

中国阴阳哲学认为，“万物负阴而抱阳”，阴阳构成性乃宇宙的普遍性，或称宇宙存在性根本规律。这是老子根据伏羲宇宙阴阳模型而提出的最著名论断。关于阴阳普遍性，前文已经指出过，无论宇宙间的物质系统、生命系统、人类社会系统及人类个人都是由阴阳辨析构成的。“万物负阴而抱阳”被我们所在宇宙的所有存在物所证实。所以说，伏羲模型是宇宙之根本模型，它才是宇宙的根本规律。

阴子与阳子统称爻子。我们将已经配对、组建了阴阳合一体中的阴子和阳子称为配子。还没有配对的爻子称为孤子，因此有阴孤子和阳孤子两种。一个具体事物中的阴配子与阳配子是什么样的关系呢？是相反相成又相辅相成的二元关系。它们性质相反才能配成阴阳合一体，它们彼此不能独立地存在，而只能在合一体中相互依赖地存在，所以是相反相成的关系；但又因性质相反，它们在合一体中不仅有相互龃龉、颉颃的关系，而且有相互辅佐、相互促进、优势互补的关系，这叫相辅相成的关系，或称相反相济的关系；它们的利益无法分割，各自的利益在两者共同的利益中，是我中有你、你中有我的利益关系，这叫共利关系。所以，它们配对而成的阴阳合一体是命运共同体。将阴阳配子具有的以上三种关系（相反相成关系、相反相济关系、命运共同体关系）合称为阴阳辨析关系。因为万物负阴而抱阳，我们认识任何事物时，必须首先要辨别出它的阴阳配子，将这种认识手段或认识方法，称为阴阳辨析法。阴阳之间的辨析关系，是西方哲学中没有研究过的关系。

古希腊哲学家发现了二元对立面关系，直到 19 世纪的黑格尔才将对立面关系概称为矛盾关系。不管是对立面概念或矛盾概念，都是代数式概念，因为对立面双方或矛盾双方中的任何一方，都没有任何独立的含义，这样就可能将任何二元关系都不加区别地代入对立面关系或矛盾关系中。这就造成了极大的随意性，混淆了不同的二元关系的性质。从黑格尔的对立统一规律的描述看，对立面双方是相互否定的双方，双方通过否定而达到统一。相互否定是什么意思？是你不容我、我不容你的关系，是你死我活、零和游戏的关系。经过否定达到统一后的统一体，是没有弱势方存在地位的均质化统一体。黑格尔非常强调否定、冲突，甚至认为“战争比和平更有道德上的优越性”。可见，黑氏辩证法的对立面双方是线性关系的双方。

代数式思维工具在运用于自然科学研究时，取得了极大的成功；但运用在哲学研究时，由于混淆了两类二元关系的性质，造成了黑格尔辩证法的致命伤。

第三节　中西二元思维方法的透视

有一个非常值得深思的问题是，马克思没有关于辩证法的哲学专著。为什么马克思不撰写辩证法专著呢？这是因为，他在研究经济学时可能发现了黑格尔辩证法的漏洞——辩证法存在不能表达某些二元关系的问题。马克思在研究“商品劳动”时，发现了“商品劳动”兼有具体劳动和抽象劳动两个方面的性质。如何来表达具体劳动和抽象劳动的关系呢？如果按照苏联哲学家认定的金科玉律，两者应是辩证关系。但马克思没有用辩证关系来表达这两者的关系，因为他清楚地知道，辩证关系的双方是相互否定的双方，这是黑格尔非常强调的性质。但具体劳动与抽象劳动并不相互否定，所以马克思非常谨慎地弃用辩证关系，而不得不另创“二重性”概念来表达两者的关系，以示与“辩证性”的区别。这就是著名的“劳动的二重性”概念的由来。其实，具体劳动与抽象劳动的关系正是阴阳关系，具体劳动是阴子，抽象劳动是阳子。马克思还发现了商品价值的二重性，即每件商品都兼有使用价值和交换价值两方面的性质。马克思也清楚地知道，使用价值与交换价值的关系，不是辩证关系，他以“二重性”概念来表达两者的关系。马克思治学之严谨可见一斑。马克思既然发现了辩证法的漏洞，一时又难以深入研究，对于治学严谨的他来说，自然不能写作辩证法专著。其实，使用价值与交换价值的关系也是阴阳关系，其中使用价值是阴子，交换价值是阳子。也许有人会说，既然马克思创立了“二重性”概念，你何必又用阴阳关系来代替之？我们要知道，马克思创立“二重性”概念仅仅是用来标示与“辩证性”的区别，他并没有对“二重性”双方在哲学上究竟是什么性质的关系展开论述。笔者不得不指出，“二重性”概念仍然是用代数式思维提出的概念，因为二重性的双方中任何一方都没有确定的哲学意义。阴阳关系的双方与西方哲学的对立面双方、矛盾双方、二重性双方是有本质区别的。因为阴阳关系是附义式概念，阴阳关系中的双方既有性质区别，又有地位差别，阴阳是不对称的关系。阴阳关系要明确地辨析出谁是阴子，谁是阳子，以谁为基础，以谁为主导。辨析出阴子与阳子后的更大效能是，可以套用一系列阴阳律来深刻地认识阴子与阳子的性质和作用、认识由阴子与阳子构成的阴阳合一体的性质。这就如同在数学、物理学中使用定理、定律、公式一样进行推导、推理、论证。举例来说，可以用“优势爻子主导律”来进一步认识“商品劳动”概念，则商品劳动是以具体劳动为基础，以抽象劳动为主导的阴阳合一体。如果某种具体劳动不以当时当地的抽象劳动为主导、为发展方向，这种具体劳动要么被淘汰，要么被边缘化。但具体劳动是阴子，阴子是合一体的基础，当然也是阳子抽象劳动存在的基础。这就是说，阳子抽象劳动必须以当时当地的具体劳动为基础。只有具体劳动提高了水平，抽象劳动才能提高水平。具体劳动与抽象劳动还有既相反相成又相辅相成的关系，利用这个关系，我们又可以进行一系列推理、论证。在商品的价值辨析中，使用价值是阴子，交换价值是阳子，其中交换价值是优势爻子。商品的价值是以使用价值为基础，以交换价值为主导的阴阳合一体。优势爻子具有质的规定性和发展方向的主导性。用阴阳关系的这个性质，又可以进一步认识到事物的本质。阴子与阳子之间还有许多规律、推论可在具体论题中进行分析和推理，有更多的内容可展开来论述。所有这些论述仅需套用阴阳逻辑就行了。附义式阴阳关系的丰富性质是西方哲学代数式概念远远不能比拟的。这就是中国哲学之长、西方哲学之短。治学严谨的马克思远去了，他提出的“二重性”概念却被苏联哲学家们忽视了，因为被苏联哲学家极限放大的辩证法的巨大光芒遮蔽了“二重性”的荧光。马克思不愧为一位伟大的哲学家，所以，有兴趣者对马克思著作也要重新发掘，但要用阴阳论为工具来发掘，如同用阴阳关系来表达马克思的“二重性”概念那样进行发掘。

黑格尔辩证法中的对立面双方或矛盾的双方究竟是什么性质的二元线性关系？是二元线性关系？还是二元非线性关系？受代数式思维熏陶的黑格尔似乎觉得不需要明确范畴。两种二元关系是性质完全相反的关系，岂能不加区别地统统代入对立面（矛盾）关系？这是最重大的立足点问题。不加区别地代入，就造成了立足点混乱。对立面范畴或矛盾范畴的紊乱直到20世纪50年代才被另一位辩证法大师——中国哲学家毛泽东发现。毛泽东在《关于正确处理人民内部矛盾的问题》一书中指出，敌我矛盾与人民内部矛盾是性质完全相反的矛盾，不能混为一谈。敌我关系是二元线性关系，是你死我活的关系，是无共同利益的关系，是相互否定的关系；而人民内部的关系是二元非线性关系，是共利关系。岂能将敌我关系与人民内部关系胡乱地都代入矛盾关系中？矛盾概念出自中国古代矛与盾的寓言故事，是表示不能自圆其说的意思。这个含义与对立面概念没有关系，是黑格尔用矛盾概念来替代对立面概念的。矛盾范畴的混乱在西方哲学界内部也出现了极大的混乱。例如，诺贝尔奖获得者、享誉世界的英国大哲学家伯特兰·罗素写道："矛盾只是某种在交谈中才出现的东西。一个人可以和另一个人发生矛盾，或者确切地说，一种表述可以和另一种表述相矛盾，但是在日常的事实的世界里，却是不存在矛盾的。无论对语言与世界的关系持什么样的观点，一个事实是不可能和另一个事实相矛盾的。"罗素在《西方的智慧》一书中提出，矛盾只在语言中存在，而在事实的世界中是不存在矛盾的。罗素对矛盾概念的理解与中国矛与盾的寓言故事中的含义是一致的。对立面范畴或矛盾范畴的巨大混乱，使我们清楚地看到，这都是西方哲学代数式思维工具的不规范、不严密而带来的随意性所导致的。

代数式思维是从古至今的西方思想家根深蒂固的思维模式。但代数式思维有利有弊，它用在自然科学研究方面发挥了巨大的作用，取得了极其辉煌的成就；用在人文方面显现出的"零和规则"却给人类带来了巨大伤害。

西方的思维方式是代数式思维，但真正使这种思维方式得到拓展的首先是数学研究思维方式。这要归功于法国数学家韦达（Franxis Veita，1540—1603）。韦达首创了用字母代替数字，他用不同的字母表示未知数、系数，还发明了加减号，而在这之前的计算都是文字叙述方式（丢番图只使用了极少的固定字母代表固定的几个幂）。一项发明一开始大多是粗糙的、不完善的，韦达也是如此。因为他还没有发明乘、除号及等号，之后其他数学家不断完善了代数符号系统。当然，代数符号系统的产生是建立在印度—阿拉伯数码符号基础之上的。数码符号及代数符号系统的发明，使数学研究插上了翅膀，翱翔在纯思维的天空，不断获得了我们凭感觉所无法获得的思辨成就。正是这些成就使得物理学在物质领域的研究获得了巨大的进展，并造福于全人类。欧洲是用火枪征服全世界的，而火枪的制造有赖于物理学，物理学又有赖于数学。代数式思维在数学领域运用的成功经验，使得欧洲学者在其他领域也运用这一模式，例如这一模式在物理学中就得到广泛的运用。我们知道，在力的分析中，物理学家广泛使用单位元的方法。在一个受力状态的固体构件中，或在流体中，选取一个单位元（大体相当于一个点），这个单位元的受力状态就代表了整体或某一局部的受力状态。将这个单位元受力的微分方程列出来，再解开这个微分方程，就得到了这个整体或某一局部的受力的代数式，然后就可以进行力的计算了。在电磁学中，麦克斯韦偏微分方程组也是使用了类似单位元的思维方式列出的。没有代数符号系统的发明和完善，就无法产生解析几何；没有解析几何，就无法产生微积分；没有微积分，就无法产生牛顿力学；没有牛顿力学，就无法产生近代机械制造业；没有机械制造，就没有坚船利炮；没有坚船利炮，欧洲就无法征服世界。中国正是缺乏这种代数符号系统，严重制约了数学的研究，进而严重制约了物理学的研究。中国科学技术的落后，使得机械制造远远落后于欧洲。在欧洲列强的坚船利炮面前，冷兵器不堪一击，庞大的中华帝国轰然倒下了。有人说，中国的落后在于汉字，其实这与汉文字没有多大关系。要知道，代数符号的发明是16、17世纪的事，而在这之前的两千多年里，使用字母文字的欧洲并没有发明出代数符号，他们与中国一样是用文字叙述方式解方程的，而且中国人用算筹列式还有一定的优势。中国人为什么没有发明代数符号呢？这可能因为中国人缺乏代数式思维方法。为什么中国人缺乏代数式思维方式呢？笔者想这可能与中国的哲学思维有很大的关系。中国哲学建立了阴阳思维模式，而阴阳模式是附义式思维模式。在这个模式下，阴与阳是不能相互替代的。反观古希腊哲学是对立面思维模式，对立的双方没有明确指定某方一定是哪一方。

这就为替代思维留下了思维空间。

西方将代数式思维方式用在人文方面，却产生了极其严重的危害性，主要表现在两个方面：一是人的生存方面，二是人的精神方面。

从对立面哲学衍生出的“替代”思维方式，在人学方面产生了“取而代之”的思想。对立面哲学的集大成者黑格尔特别强调他的辩证法的核心是“否定”，还提出了否定之否定规律、正反合规律，来证明否定的合理性、真理性和普遍性。对立面哲学的关键词是“对立”，由关键词“对立”导致的处理方式是否定，通过否定所要达到的结果是取而代之、完成统一。从完成统一的手段和过程看，对立面关系是线性关系，是你死我活、唯我独尊的线性关系。由取而代之的思想产生了所谓的“丛林法则”，产生了“零和规则”。达尔文提出的进化论本来是就植物界和动物界而言的，但马上就被殖民者、欧洲中心主义者利用，提出了社会达尔文主义。零和规则从哥伦布发现美洲开始已经横行 400 多年了，偌大的南北美洲、澳洲的原主人都已经被欧洲列强彻底地永远地取而代之了。问题是零和规则至今还是西方在世界政治中奉行的最高法则。

反观中国阴阳哲学的关键词是“和谐”，即阴阳和谐。在中国哲学家眼里，不是将阴阳的性质相反的差别视为对立，而是视为相对，相比较，是“难易相成，长短相形，高下相盈，音声相和，前后相随”（《道德经》第 2 章）。相对与对立的含义是不能等同的。阴阳论从阴阳的相对性中，首先看到了阴阳的合一性，从阴阳的合一性中看到了阴阳的共利性。当然，从阴阳的性质相反性也看到了阴阳的龃龉性。正确处理阴阳的龃龉性是维护阴阳合一体的共利性的关键。如果龃龉处理不当，龃龉有可能走向对立。一旦发生对立，就可能走向对抗。对抗一旦形成，阴阳关系的性质已经发生质变，就不再是非线性关系，而成为线性关系，成为对立面关系了。阴阳之间的势力是此消彼长的，要使阴阳合一体的共利性达到最好状态，就要保持阴阳平衡。本书第二章的易极状态律的第三推论——阴阳和谐律指出：“当合一体中的向极力与背极力在此消彼长中达到势力平衡或近似平衡时，就实现了阴阳和谐，或称阴阳太和、阴阳大和。”《淮南子·氾论训》指出：“天地之气，莫大于和。和者，阴阳调。”和就是调节阴阳使之达到平衡。

由“和”的哲学产生的人学是“和”的人学，或称仁的人学。《礼记·中庸》指出：“喜怒哀乐之未发，谓之中；发而皆中节，谓之和。中也者，天下之大本也；和也者，天下之达道也。”达道，通达、通畅之大道。天下之达道，就是能通达天下的大道路，或理解为通达天下的大道理。这个大道理就是和，或者说通达天下的大原则是和的原则。怎样才能达到和呢？“中节，谓之和。”即如果能遵循中节的规则，就能达到和的效果。什么是中节的规则呢？节，就是调节；中，就是适中，就是既不太过，又无不及。“皆中节”，就是都要遵循中节的规则。“发”是指什么东西发了呢？是喜怒哀乐发了。“喜怒哀乐之未发，谓之中。”喜怒哀乐未发时的东西叫“中”，已发时就要遵循中节的原则。未发时的“中”，与中节原则的“中”，不是同一个含义。“喜怒哀乐之未发，谓之中”句的“中”是指性，或称人内在的本性，即人生来就具有的东西。中国古圣人认为，人的本性是相似的，即所谓“性相近，习相远”（《论语·阳货》）。人的喜怒哀乐都是情绪的表现，古人称为情，即所谓七情（喜、恶、哀、乐、怒、恐、惊）。中国古圣人关于（人）性、性与情的关系有许多辩论观点。用今天的眼光看，这个被称为“中”的本性，其实就是指人的特性和需要。人的特性和需要当然是“中也者，天下之大本也”。情绪是附生性的东西，不具独立性。人的需要付诸行动时，就会引发情绪的发生。古人认为，人们应当调节、控制自己的情绪，使之符合社会的礼义、习俗。这就是中节的原则。对情绪调节控制得如何，唐代韩愈将其分为三等：“上焉者之于七（情）也，动而处中”，就是遵循了中节的原则；“中焉者之于七也，有所甚，有所亡，然而求合其中者也。”亡，就是妄，有所妄，就是有一些忘形，有一些妄性，但他还是想合于中节原则一些；“下焉者之于七也，亡与甚，直情而行者也。”下等者对情绪不加任何控制。

儒家还将和的行为准则上升到道德的高度让人们遵守。董仲舒在《春秋繁露·循天之道》中说：“德莫大于和。”也就是说，和的准则就是道德的最高准则。人们认为，儒家以中庸之道为处世的最高准则，而中庸准则就是和的准则。儒家伦理学统治中国两千多年，和的思想及和的准则深入中国人的意识。所以，当下中国提出共建人类命运共同体的倡议出自深厚的中国哲学和中国人学，而非一时之策略。

第四节　关于哲学发现的“规律”

学习过黑格尔辩证法的人都知道，黑格尔辩证法有三大规律，即量变质变规律、否定之否定规律、对立统一规律，就是这三大规律将旧阴阳论照得灰头土脸。洗去灰尘、整理衣装之后的阴阳论登场了，它有十大阴阳规律，还有阴阳逻辑和阴阳辨析方法。

与黑格尔辩证法的三大规律相对应的阴阳律分别是：阴阳渐化顿变律、物极必反律、阴阳反成合一律。这三个阴阳规律的“思想”形成时间都要远远早于黑格尔。读者可以将阴阳反成合一律与对立统一规律的内容比照一下，或将有较多的发现和感触。

在关于事物的结构、位序方面，西方的自然科学作了广泛而深入的研究和概括，取得了极高的成就，黑格尔辩证法对此却毫无建树。阴阳位序结构律的七个分规律在自然界和人类社会中有着广泛的对应关系，黑格尔辩证法对此也一无所知。

新生事物是怎样产生出来的？这是个极重要的问题。阴阳论有新生事物发生律，这个规律是根据老子“一生二，二生三，三生万物”及“冲气以为和”的论述发掘出来的。所有的新生事物都是由“二生三”生出来的，概莫能外。黑格尔辩证法是怎样概括的呢？黑格尔辩证法说通过否定，一方否定了另一方后，新事物便产生出来了。请问，夫妻通过怎样的相互否定将孩子孕育出来的？一个公司成立了，是谁否定了谁，公司才得以成立的？一只吃饭用的碗通过谁否定了谁，将碗造出来的？从无数的新生事物诞生的过程看，所有的新生事物都是通过阴阳下生律或阴阳上生律而诞生出来的，即通过“二生三”而生出来的，而不是通过谁否定了谁而发生的。

第五节　线性思维和非线性思维

西方哲学代数式思维工具使得性质完全相反的两种二元关系不加区别地都代入对立面关系中，造成了对立面范畴的紊乱。在资产阶级处于急剧上升阶段，资本家之间你死我活的斗争充满欧洲大陆，资产阶级海外急剧扩张，也必定充满你死我活的血腥，欧洲历史也充满了崛起——称霸——衰落的轮回，达尔文又宣布了物竞天择、适者生存的发现，等等。面对现实和历史，“你死我活”、相互否定的二元关系自然占据了辩证法大师们的头脑，他们自然要将二元线性关系作为辩证法的范畴，将相互否定作为辩证法最重要的核心概念。社会达尔文主义虽然受到了批判，但西方在国际政治中仍然将其奉为圭臬，零和游戏大行其道，线性思维畅行无阻，深受其害的却是第三世界的国家和人民。线性思维已如癌细胞般地扩散到西方哲学和西方人学的肌体中。

一、西方线性思维大行其道

线性思维几乎扩散到西方所有的文化中。现在来看一下西方哲学中使用的一些重要的线性概念。

举例 1，关于美学。美学是 18 世纪中叶由德国学者鲍姆嘉通创立的，当然，他的原意是研究人的感觉，但却取了美学的名字，即研究美的“科学”。发展至今，美学著作不计其数，然而，如今笔者要指出，美学的提出是西方线性思维的一个典型例子。

我们都知道，美与丑是相比较而存在的。老子早就指出过：“天下皆知美之为美，斯恶矣。皆知善之为善，斯不善矣。”美或丑都是某种体验，美是在与丑的对比中体验出来的，丑是在与美的对比中体验出来的，没有对比，就不存在美的体验或丑的体验。美学概念是不折不扣的独身概念。美与丑是相伴而生、相伴而灭的，无法独立存在。单独研究美、评说美显然是线性思维的产物。不拿丑来作比较，只讲美，怎么能说清楚美呢？所以，至今西方哲学都无法给“美”下定义。从艺术评论诞生以来，评论家们在评论时，一般也只讲如何好，如何美，却不用反面的例子来进行美丑对比。西方学者并不是没有看到丑与美的关系，而是不会表达两者的关系，或者说，他们的哲学中没有这样的表达方法。所以，西方美学家堂而皇之地提出了“丑的美学”和“美的美学”的概念，将西方的线性思维痼疾暴露得一清二楚。“美的美学”，是概念重复的逻辑错误，“丑的美学”是逻辑混乱的表现。西方哲学被认为是逻辑的故乡，他们犯了逻辑错误却浑然不觉。因为西方哲学中缺乏阴阳逻辑，不知道辨析定义，所以提出了“美学”的概念。单独研究美是伪学问！

为了纠正西方哲学在美丑问题上的线性思维错误，笔者不得不运用中国阴阳哲学来创立一种新的美丑学，笔者将由美与丑经过阴阳上归辨析得到上位概念并命名为羞学。那么，羞就由美与丑辨析构成，美是羞的阳子，丑是羞的阴子。当你想表达某种美的事物时，必须通过与同类的其他事物经过对比来表达你的体验；同样，当你认为某个事物是丑的时候，必须通过与同类的其他事物进行对比来表达。有朋友建议笔者不要用“羞”字来表达，笔者采纳了这个建议，并用“秀”来表达新的美丑学。关于“秀学”见第十章《用阴阳辨析匡正美学——建立秀学提纲》（以下简称《秀学提纲》）。《秀学提纲》将“秀”的范畴不仅扩大到人类日常生活的广阔领域，而且扩张到科学领域，远远超出了原来美学研究的范畴。

举例2，关于现象学。西方有一个鼎鼎大名的哲学流派叫“现象学”，是西方现代最前卫的两大哲学流派之一。现在笔者斗胆提出质疑：“现象”是不能单独进行研究的，“现象学”概念是个错误的概念。“现象”与“本质”是阴阳对，是需要辨析定义的偶极概念，无论“现象”或“本质”，都是不能单独研究的！必须将“现象”与“本质”放在一起用比较的方法来讨论和研究，如同美与丑、上与下、里与外等偶极概念必须将两者放在一起，用比较的方法来讨论和研究一样。西方现象学哲学大师们堂而皇之地将“现象”单独作为一门学问来看待，与“美学”犯了同样的错误。名不正，则言不顺。与“丑的美学”概念相类似，现象学哲学大师们也提出了“回到事物本身”“悬置一切科学和经验”等呓语似的概念。

举例3，关于人的生物性与社会性。西方学者将人的成长归结为生物性因素和社会性因素，这当然是对的。但生物性与社会性是什么关系呢？这种划分是形式逻辑的划分吗？如果是，那么生物性因素中就绝对不包含社会性因素，社会性因素中也绝对不包含生物性因素。这当然不符合实际，所以不是形式逻辑的划分。那是什么划分呢？生物性因素与社会性因素究竟是什么关系呢？可能要用"相对"的关系来表达，说人的生物性与社会性是相对的。"相对的"究竟是什么意思呢？按照西方哲学的解释："相对"与"绝对"组成了一对范畴，"相对"是指有条件的、暂时的、有限的、特殊的；而"绝对"是指无条件的、永恒的、无限的、普遍的。可见，"相对的"并没有"相互包含""相互需要""相互补充"等阴阳辨析关系的含义。由于说不清人的生物性与社会性的关系，西方出现了相互否定的两种观点：一种观点认为，遗传决定了人的一切，与后天的社会性影响关系不大；另一种观点则认为，是人的社会性决定人的一切。这两种观点针锋相对，但两者说得都头头是道，令人莫衷一是。从此例看，西方哲学的线性思维必定存在片面性，很难把握事物的本质。在阴阳辨析看来，人的成长是由生物性因素与社会性因素辨析构成的，其中生物性因素是阴子，社会性因素是阳子。所以，一个人的成长是以其遗传性因素为基础，以其社会性影响为主导的过程。我们可用阴配子与阳配子的一系列关系来论述生物性影响与社会性影响的关系。这种分析可运用于每一个具体的人。由此例看，只有阴阳辨析，才能避免片面性，因为阴阳辨析是没有片面性的思维方法。这种相互包含的非线性关系，西方哲学没有正确的表达方法，所以说不清楚两者的关系，有时候就说它们是相对的。用相对性来表达非线性关系是西方哲学常用的方式之一。

西方哲学线性思维的例子俯拾即是，这里只列举了几个较著名的例子。

二、普及阴阳辨析法，开创社会科学新篇章

由于万物负阴而抱阳、阴阳反成而合一，所以，定义、分析任何概念，都必须使用阴阳辨析方法。阴阳辨析是不会产生片面性的思维方法。

不管是自觉地使用或自然地（不自觉地）使用，只要使用了阴阳辨析，就会取得正确的成果，用于理论分析，就能取得理论上正确的成果；用于指

导实践，就能取得符合事物发展规律的成就。自觉地使用与自然地使用两者差别是很大的。自觉地使用，就会将阴阳配子之间、配子与易极之间的关系用一系列的阴阳律加以阐述，就如同在数学和物理学中根据定理能作出一系列的推论和结论一样。不自觉地使用，只能看到配子之间、配子与易极之间的部分关系，而看不到全部关系，阐述各种关系时就难免有遗漏。因为万物负阴而抱阳，阴阳律遍及人们所有的生活和工作，所以古今中外广大民众早就在自然地使用阴阳辨析。人们都知道，夫与妻、官与民、冷与暖、作与息等二元关系是不能分割的关系，是相反相成又相辅相成的关系，也就是阴与阳的关系。学者们更是早就发现并大量地使用了偶极概念（双概念），但都是自然地使用，而不是自觉地使用阴阳辨析。毛泽东发现了辩证法的范畴问题，但没有引起中国的马列主义理论家们的重视，并从哲学上加以深究。马克思发现的商品劳动的二重性、商品价值的二重性的双方关系就是阴阳关系。但这是自然地使用，而不是自觉地使用。现在将马克思提出的“二重性”关系纳入阴阳辨析关系，就可以用阴阳律推导出具体劳动与抽象劳动、使用价值与交换价值的一系列关系，尤其是优势爻子主导律是西方思维工具所没有发现的极其重要的规律，它对于认识事物、把握事物的本质和运动方向都至关重要。这是对马克思主义的重新发掘，是为马克思主义增辉添色之举。用阴阳辨析来重新发掘马克思著作，也许会获得更丰富的成果。

用阴阳辨析指导实践，就能正确地实践。马克思主义政治经济学有一个著名论断：“经济基础决定上层建筑。”还有一句是：“上层建筑反作用于经济基础。”马克思显然看清了经济基础与上层建筑之间的关系不是二元线性关系。他是自然地使用了阴阳辨析。如果自觉地将两者纳入阴阳关系，那么从阴阳辨析的眼光看，它应该还有另一半要并列地说：“上层建筑主导经济基础。”这里，经济基础是阴子，上层建筑是阳子。过去的说法是“上层建筑反作用于经济基础”。“反作用”显现出来的是被动性，而“主导作用”显现的是主动性，更重要的是，阳子的质的规定性和发展方向的主导性是“反作用”概念所完全不具备的，因此，“反作用”无法与“主导作用”相提并论。

将上层建筑与经济基础的关系纳入阴阳辨析关系后，就能运用阴阳律推导出一系列的结论。例如，不能只强调阴子对阳子的基础作用，而不表达阳子对阴子的主导作用。这种阳子的“主导作用”已被历史反复证明。14、15世纪中国和欧洲同时出现了资本主义萌芽，欧洲的资本主义蓬勃发展了，中国的资本主义萌芽却发展不起来，原因就在于两者的上层建筑的主导作用有所不同。当时中国封建王朝的上层建筑扼杀了资本主义的萌芽，强力阻止资本主义的发展，例如下达“封海令”就是突出的例子；而经过宗教改革、文艺复兴运动后的欧洲新教地区推翻了神权的独尊地位，摧毁了封建羁绊，资本主义才得以蓬勃发展起来。新中国成立以来的历史是一个在生产关系方面剧烈变革的历史，在世界第一人口大国把握这种历史是相当困难的。但是领导集体既用“经济基础决定上层建筑”的原理，又用“上层建筑主导经济基础”的关系来指导中国经济建设。中国经济都是在“五年计划”的规划下进行的，这就是上层建筑对经济基础的主导。在“五年计划”的主导下，无论改革开放的前30年还是后40年，中国经济都取得了飞速发展。中国经济快速蓬勃发展的事实充分地证明了上层建筑对经济基础的主导作用是多么关键。主导正确，经济就快速发展；主导不太正确，经济发展就不太顺利；主导错误，经济就不能发展。阴子与阳子是相互促进的，阴子经济基础强，阳子上层建筑的主导作用也就能发挥更大的作用；阴子经济基础弱，阳子的主导作用就小得多。阳子上层建筑对阴子经济基础的促进作用就更加显著了。新中国成立之初，一穷二白，经济基础相当薄弱，但是，在正确的上层建筑的主导下，经济得到了飞速发展，建立了比较完整的工业体系和农业水利体系。改革开放之初，中国经济比之东亚“四小龙”等相差甚远，但在正确的上层建筑主导下，只经过短短的40年，就迅速地追上了这些中等国家或地区，甚至能和一些发达国家相比肩。

现在中国的经济基础强大了，要避免陷入“中等陷阱”，还得要靠上层建筑的正确主导。现在为什么要深化改革？就是要在经济基础得到较大发展的情况下，找到如何正确地、能动地发挥上层建筑主导作用的方针和措施；阳子上层建筑的主导方针、政策不是随心所欲制定的，它与阴子经济基础有着密切的辨析关系，它们是相互制约的。阳子上层建筑必须适合阴子经济基础的发展水平，才能发挥好主导作用，否则就会破坏经济基础。这就是以往所说的“经济基础决定上层建筑”。阳子上层建筑对经济基础的制约就更大了，因为经济是在上层建筑的大框架内运行的。现在中国提出了“顶层设计”概念，这个概念也是表达了上层建筑对经济基础的主导作用。阳子的“主导作用”还表现在阳子具有质的规定性：用私有制主导经济，这个经济体就是私有经济体；用公有制主导，这个经济体就是公有经济体；是公私合营主导，这个经济体就是混合经济体。“反作用”概念根本不含有阳子的质的规定性和发展方向的主导性。反作用概念是在没有阴阳辨析思维方法的情况下，被现实逼迫而产生的概念。无数的事实证明，当用阴阳辨析来指导时，就能符合事物发展规律地、正确地思维和行动，就不会犯片面性错误，就会取得巨大的成就。在阴阳辨析法诞生前，人们是自然地使用阴阳辨析，阴阳辨析诞生后人们就能自觉地使用它了。当我们运用阴阳辨析对事物的各种关系及表达事物的概念进行辨析时，就可以用一系列阴阳律来阐述各种关系，这些公式化的关系像数学和物理学中的推论一样，是逻辑的推导过程，能经受逻辑的检验。这是非同小可的事。

用阴阳辨析的眼光扫视西方社会科学的论著，除了极少量的著作外，线性思维下的混沌概念、独身概念，可谓比比皆是。因此我们对社会科学中的主要概念、关键概念都要进行阴阳辨析。阴阳辨析是思维利器，是一面无所不辨的阴阳明镜，一切混沌概念、独身概念在它的照耀下都无处隐藏、无法逃遁。

当各路学者都对自己研究领域的所有混沌概念、独身概念进行阴阳辨析时，当以往社会科学中的所有概念都要经受阴阳辨析的审查并予以辨析时，一片极其广阔的社会科学荒地将会呈现在眼前，你就会预感到一场新的社会科学革命已经到来。这给熟悉易道阴阳论的学者，首先给中国的学者提供了从来没有过的机会去进行理论创新。百多年来，跟在西方后面亦步亦趋的中国学者们，从此可以鼓起勇气，脱去西方社会理论的袈裟，挣脱西方社会理论的桎梏，拿起阴阳辨析的工具，赶紧去抢占那大片的荒地。

宗教改革、文艺复兴使西方打破了神权的桎梏，创造了人类社会从来没有过的繁荣和进步。西方文艺复兴的辉煌以极其令人厌恶的全世界都反对的美国的霸权为顶点，走到末日的日子也许不会太远了。西方“以一切为敌”的思维方式和政策取得了极其辉煌的但极端霸道、极端自私残暴的“成功”，这种“成功”让世界永无宁日，其最终目标无非还是置第三世界国家永为奴隶地位、霸权国家永久霸权而已。西方霸权的建立，从一开始就在人类的美在性本质诉求上渐行渐远，使地球生态的和谐渐行渐远。新的社会科学革命必将给人类社会创造更大的繁荣和进步。因为它以没有片面性的易道阴阳论为指导思想，以全人类整体的美在性诉求、全人类的和谐为目标。

第八章 / chapter 8

用阴阳辨析攻克心理学世界难题

阴阳辨析是西方哲学中没有的思维工具。西方某些解决不了的科研难题，用中国的思维工具能不能解决呢？本章列举一个最生动的例子，即建立人的行为动力总机制。

人的动机来自人的需要，研究人有哪些动机实际上是研究人有哪些需要。从泛性论心理学家弗洛伊德，到行为主义心理学家华生，再到人本主义心理学家马斯洛等，西方一直想建立一个统一的概括性理论。弗洛伊德、华生的理论都破产了，剩下马斯洛的“需要层次理论”还有一定市场。但西方心理学家并不认同马斯洛的理论，因为它经不起推敲。马氏认为“只有满足了低一级需要，才能产生高一级的需要”。他按照这个逻辑将人的需要分为五个层次：第一层次是生理需要，第二层次是安全需要，第三层次是爱的需要，第四层次是成就的需要，第五层次是自我实现的需要。马氏的这个逻辑或规律存在吗？例如，一名乞丐的生理需要不能得到满足，难道他就没有爱的需要了吗？两万五千里长征路上，红军英雄们的生理需要、安全需要都得不到保障，为什么他们还斗志昂扬地前进呢？马氏理论怎样解释“人体炸弹”们的行为呢？还有，从现实看，这五种需要哪种能得到满足？生理需要那么多，谁的生理需要都能得到满足？连总统都会被刺杀，谁的安全需要能得到满足？何况安全需要的种类非常多，每一种都能得到满足？有一种安全需要不能得到满足，爱的需要就不会产生了吗？爱的内容极其广泛，谁的爱的需要都得到了满足？即使杰出的科学家也不会说，他的成就需要已经满足了。至于那个最高需要——“自我实现”需要就更不靠谱了。马氏建立层次的逻辑是不存在的，而且也没有任何一件事实能证明某人的这五种需要中的哪种需要已经得到了满足。这还能称其为理论吗?

西方心理学家们在建立人的行为动力总机制的过程中遇到了两个难题:一方面,人的需要太多太杂,无法概括;另一方面,人的需要随社会的变化而变化,也无法概括。他们经过上百年努力也无法攻克这两个世界难题。于是美国人查普林(J. P. Chaplin)和克拉威克(T. S. Krawiec)在《心理学的体系和理论》一书中宣布:"由于制定大理论动机观的想法幻灭,晚近的理论家已倾向于探索有限的行为领域",还提出了"未必可能有哪一种观点或理论能包容人类行为的全部丰富性与复杂性"的怀疑。现在看看阴阳辨析是如何破解这两个世界难题的。

在阴阳论看来,任何自然运行的系统都是由既相反相成又相辅相成的阴阳配子辨析构成的阴阳合一体。人当然也是一个阴阳合一体,其行为动力就不会是杂乱无章的,也应该由阴阳配子辨析构成。既然如此,就应该存在一个统一的行为动力机制。至于那两个动机心理学世界难题,破解它应是方法问题,而不是无解问题。

首先,以是否需要别人提醒或需要自己反复反思为辨析尺度,将人的所有行为动力辨析为明需要和暗需要两大类。所谓明需要是指那些不需要别人提醒自己就知道的需要;所谓暗需要是指那些需要别人提醒或须经自己反复反思,自己才知道的需要。明需要是指生活、工作等维持生命活动产生的需要,是实的需要;暗需要是指观念产生的需要,是虚的需要。观念是藏在心中的,自己不说,别人是不知道的,故称其为暗需要;而生活、工作等产生的需要,是明摆着的,人人都知道的,故称其为明需要。暗需要与生活、工作等维持生命的活动没有直接关系。实为阴,虚为阳。因此,人的行为动力是由明需要和暗需要辨析构成的阴阳合一体,其中明需要是阴配子,暗需要是阳配子。

辨析出阴阳配子的目的是明确阴阳配子的关系以及配子与易极的关系。优势配子主导律指出,阴子是基础,阳子是主导,阳子具有质的规定性和运动方向的主导性。因此,任何人都是以明需要产生的动力为基础,以暗需要产生的动力为主导。暗需要是观念产生的需要,而信仰是最主要的观念。人的观念种类较多,重大的观念有宇宙观、社会历史观、人生观,还有国家观、民族观、生活观等。但其中必有一种观念是主导性观念，将主导性观念称为主本观念。有主本，就有次本、次次本。所以，人是被其主本观念主导着的。也就是说，任何人都是为着某种观念而活着的，而且主本观念主导了他的所有行为。某个人的主本观念可以从他的不计其数的明需要中挑选出某种需要作为其至高无上的需要，也可以将任何重要的明需要降为不重要的需要而对待，甚至否定自己的生命。关于人的暗需要，笔者在《和美人学》一书中用阴阳辨析进行了详细的阐述，那里有一些惊人的发现，有兴趣的读者可以去看看。如同宇宙中的暗物质的能量远远超过明物质的能量一样，暗需要支配人的行为的能量也远远超过明需要支配人的行为的能量。一些重要的观念一旦被接受，就成为其主本观念，成为支配其行为的最大动力。宗教信仰具有的巨大能量、为革命而奋斗的信仰具有的巨大能量、为家庭幸福而奋斗等观念具有的巨大能量等，对人的行为的支配作用，无论在人类文明史的宏观叙事中，或在历代人们的日常生活中，都表现得淋漓尽致。而这最重要的行为动力在西方最具代表性的三个动机心理学中都见不到踪影。可见，中国式思维工具具有独特的巨大作用，是西方思维工具所不能替代的。

现在来分析人的明需要。人的明需要是生活、工作等维持生命的活动产生的需要。西方动机心理学家们遇到的两道难题，就是人的明需要所产生的难题，他们无法破解这两道难题，而宣告放弃研究了。现在我们用中国式思维工具——阴阳辨析来破解这两道世界难题。

现在进行第一层次辨析。

首先要选择辨析尺度：我们以人物种进化特性为依据，以人的需要与动物的需要的联系和区别为辨析尺度，对人物种的明需要进行下分辨析，得到两个下位需要：人与动物同似的需要和人物种特有的需要，即人的需要是由与动物同似的需要和人特有的需要辨析构成的阴阳合一体，其中与动物同似的需要是阴子［0］，人特有的需要是阳子［1］。人的与动物同似的需要，又可称为人的动物性需要。这是对人的明需要进行的第一层次辨析，得到 2 个配子。与动物同似的需要显然是求生的需要。人所特有的需要是任何动物都没有的，而仅仅为人类所特有的需要，那就是求美的需要。任何动物仅仅为了活着而已，而人不仅想活着，还想活得好、活得美。特别注意：这个辨析是周延的。所谓周延是指，这个辨析没有任何遗漏。人的这两个需要已经将人的所有明需要囊括其中，或者说，在这个层次上，除了这两个需要，就再没有其他明需要了。根据优势配子主导律，人的求生需要是基础，人的求美需要是主导。求生需要是为求美需要服务的，求美需要既主导了求生需要，也主导了人的整个明需要。没有求生需要的一定程度的满足，就谈不上去追求生存美。没有扎实的基础，想建高楼是不可能的。求美需要主导了求生需要，就是说，人的求生的各种需要是按照美的要求去追求的，这意味着人的求生产生的各种需要都美生化了。吃要吃得美，穿要穿得美，住要住得美，等等。这就是人的求生需要与动物的求生需要的本质差别。阴配子与阳配子是不能被割裂的，它们被阴阳配偶力强力地联系在合一体中，它们只能在合一体中相互依存着。没有动物性需要的满足，求美需要就不可能存在；没有求美需要的满足，人就如同动物，或植物人，完整意义上的人就不存在了。无论求生需要或求美需要的缺失，都将造成整个易极的崩溃或严重破缺，完整意义上的人就不存在了。

现在进行第二层次辨析。

(1) 对阴子［0］——“与动物同似的需要”进行下分辨析。以动物个体与动物物种的关系为辨析尺度，将动物的需要辨析为保存自己的需要［00］和延续自己的需要［01］。人是动物的一员，当然也有这两个需要。保存自己的需要简称为存己需要［00］，延续自己的需要简称为续己需要［01］。续己需要显然是物种延续的需要。所以，人的动物性需要是由存己需要和续己需要辨析构成的阴阳合一体，其中存己需要是阴子，续己需要是阳子。这个辨析是周延的，在这个层次上是没有遗漏的。或者说，动物除了这两个需要外，就再没有其他需要了，这意味着，人的动物性需要也只有这两个，再没有其他动物性的需要了。存己是基础，续己是主导，存己是为续己服务的，并被续己主导。从动物物种的角度看，动物个体的存在仅仅是为物种的存在服务而已。这一点从昆虫的一生看得很清楚。例如，蚕在幼虫期使劲地吃，成熟了，就结茧成蛹，化蝶，交配，产卵，完成续己任务后，就死去了。蚕匆匆走过的一生，只是为其物种的延续而活动着。雄螳螂、雄蜘蛛为了繁衍后代，宁可被配偶吃掉，也要完成交配的任务。我们都知道，动物为保护自己的未成年子女，可以勇敢地与其天敌搏斗。我们人类也是如此。在食物极端匮乏时，父母都宁可自己饿着，也要千方百计地让子女吃饱。在面临生死的时刻，父母宁可牺牲自己，也要将生的机会让给子女。所以，在动物的需要中，续己需要是主导，人类的动物性需要也是如此。但动物的续己需要与人类的动物性需要中的续己需要还是有区别的。

（2）对阳子［1］——“人类特有的需要”进行下分辨析。以世俗价值的价值受体为辨析尺度，将人的特有需要辨析为美好生活的欲望［10］和向社会展示自身价值的欲望［11］，将这两个欲望分别简称为美生欲望［10］和美展欲望［11］。凡是对人有作用的事物，就称其为具有世俗价值。世俗价值是由价值载体和价值受体辨析构成的阴阳合一体，价值载体是阴子，价值受体是阳子。例如，张三做了一张床，床可供人休息，对人具有价值，这个价值称其为世俗价值。这张床卖给了李四，床是价值载体，李四是价值受体。如果这张床被张三留给自己用，床仍然是价值载体，但价值受体就是张三了。自己享用价值载体，则价值载体的价值属于自反价值；若价值载体供他人享用，则价值载体的价值属于社会价值。价值受体分为向内和向外，向内的指自己及自己的家庭；向外的指社会大众和社会组织。人们工作就创造价值，这个价值是价值载体具有的价值。你创造的价值载体如果被自己及自己的家庭享用，这个价值载体的价值就属于内向价值，又可称为自反价值；你创造的价值载体如果给社会大众或社会组织享用，这个价值载体的价值就属于外向价值，又可称为社会价值。人的求美欲望就是创造世俗价值的欲望。人们创造的价值一部分被自己及自己的家庭享用，这体现了人的美好生活的欲望；一部分向社会贡献，被社会大众和社会组织享用，这体现了人的社会价值的欲望。所以，人的求美欲望就是创造并享用价值的欲望，它是由内向价值欲望和外向价值欲望辨析构成的，内向价值欲望是阴子，外向价值欲望是阳子。内向价值欲望又称美生欲望，外向价值欲望又称美展欲望。我们每个人都既想生活得好，又想向社会展示自己的价值。

但是必须指出，人向社会贡献的外向价值是有正负之分的。有助于社会进步和社会正义的价值是正社会价值，有损于社会进步和社会正义的价值是负社会价值。好人贡献的是正社会价值，坏人贡献的是负社会价值。大恶人贡献的价值也大，却是大的负价值。负价值越大，人越坏。但要注意，反过来的说法是不能成立的：不能说，贡献的正价值越大，人就越好。好与坏是不对称的。坏可以而且应当分等级，但好是不分等级的。

辨析出阴阳配子的目的是要阐述两者的关系。前面阐述过，在易极内，优势配子主导律是最主要的关系。此处，美生欲望［10］是阴子，是基础配子，美展欲望［11］是阳子，是优势配子、主导配子。因为优势配子体现了本质，那么，每个人的价值就主要由他的外向价值体现。贡献得越多，价值就越大。美生欲望与美展欲望是性质相反的，因为它们一个向内，一个向外，向内为阴，向外为阳。因为阴阳配子性质相反，它们天然存在龃龉。人创造的价值是有限的，这有限的价值要在内向价值和外向价值之间分配，内向价值分得多一些，外向价值分得就少一些；内向价值分得少一些，外向价值分得就多一些。例如，纳税就是这种关系。如何处理阴阳配子之间的龃龉，是关系易极及配子双方存在和发展的大问题。

阴阳配子关系不仅具有相反相成的特性，还具有相辅相成的特性，它们是相互需要、相互补助、相互促进的。阴阳配子是相互依存的，内向价值与外向价值也是相互依存、相互需要的。如果没有内向价值使自己维持生活，就不能去创造外向价值。人是社会性动物，人与社会的关系极其紧密，离开了社会，单个人是很难生存的。没有向社会贡献外向价值，就得不到内向价值，以使自己过上幸福的生活。流落荒野或孤岛的个人也许能够生存下去，那只是动物性的生存，与幸福生活根本不沾边。阴阳配子是相互补助相互促进的。举例来说，张三在某公司工作，他创造了价值，公司将价值载体的价值的大部分拿走了，公司付给张三工资。他得到的工资是内向价值，他贡献给公司的是外向价值。公司给他的工资越多，他的积极性就越高，他就想创造更多的价值，以便得到更多的回报。但每一次公司得到的总比张三得到的价值要多得多。这样阴阳配子间就形成了良性循环。这有利于易极的发展。任何人的价值都是在与社会的互动中创造的，你要处理好与互动方的关系，使这个关系成为良性循环的关系，这对互动双方都有利。以上的每个结论都不是个人的主观认识，而是根据阴阳律推导出来的结论

第二层次的辨析得到四个配子：存己需要［00］、续己需要［01］、美生

需要［10］和美展需要［11］。这是任何人的四大需要。

第三层次辨析。

（1）对存己需要［00］辨析：以动物个体生存的充分必要条件为尺度，将存己需要辨析为能量代谢需要和能量调节需要，即食物需要［000］和健康需要［001］。食物是存在的基础，所以是阴子；健康是存在的主导，所以是阳子。食物与健康是紧密联系在一起的，它们以阴子与阳子的辨析关系统一于人的存在之中。食物的缺乏或过量对存在的威胁是通过危害健康的形式表现出来的，而健康是以食物的满足为基本条件的，但又不是全部条件，因为仅有食物的满足还不能确保健康。食物的缺乏会引起健康的崩溃，健康的崩溃又使食物需要失去意义。也就是说，失去阴子，阳子就不能存在；失去阳子，阴子也不能存在，失去任何一个，都会造成易极的崩溃或破缺。

［周延性分析］：食物的满足和健康的满足是动物个体存在的充要条件，所以本次辨析是周延的。

（2）对续己需要［01］辨析：以人的二元构成性为尺度，将续己需要辨析为生命核延续需要和心理核延续需要，分别简称为生养子女需要［010］和寄托子女需要［011］，生养子女是身体上的延续，是阴子；寄托子女是精神上的延续，是阳子。

［周延性分析］：身体上的延续和精神上的延续都满足，续己需要就得到了满足。本次辨析是周延的。

（3）对美生需要［10］辨析：以获得性美满生活内容为辨析尺度，将美满生活需要辨析为生活幸福欲望［100］和社会尊重欲望［101］，前者是阴子，后者是阳子。美满生活欲望是内向价值的体现，是获得性需要。对于美满生活来说，人们要获得什么呢？一是要获得财富以使生活过得幸福，这是自己给予自己的；二是要获得社会尊重，这是他人和社会给予的。前者为阴，后者为阳。

［周延性分析］：对美满生活而言，除了生活幸福和社会尊重，再也没有其他获得性的东西了。为此可以肯定，本次辨析是周延的。

（4）对美展需要［11］辨析：以人的展示自身社会价值的使役关系为尺度，将人的社会价值展示欲望——美展欲望辨析为资力展示欲［110］和品德展示欲［111］。人的资力是指人的实力，既包括经济实力、社会关系实力，也包括人的才能。人的资力和品德都是要展示出来的，但资力展示本身是没有性质之分的，其展示的性质是受品德控制的，品德展示是控制方，资力展示是被控制方，被动为阴，主动为阳，所以，品德展示是阳子，资力展示是阴子。

品德展示与资力展示是相互关联的两个爻子。没有资力，没有才能，品德就展示不出来；资力不强，品德展示就不充分；资力越强，品德展示就越充分。人总有各种品德，好的品德会通过资力能力展示正的社会价值，不好的品德就会通过资力展示负的社会价值。品德总要展示出来的，因为人总有一定的才能，不管才能是大是小，人都会凭借它来展示自己的相关品德。例如，有的人某种品德不好，没当官的时候，别人对他的这种不好的品德有感觉但不明显，一旦他当了官，他的那种坏品德就展现出来了，因为资力变强了，品德展示得就充分一些了。

［周延性分析］：体现人的社会价值的只有品德展示和资力展示两种因素，再也找不到其他因素了。本次辨析是周延的。

显然，我们还可以进行第四层次辨析，得到 16 个配子，还可以再向下层层辨析，第 n 层次辨析，会得到 2^n 个配子，即 32，64，128……n 个配子，理论上可以无限层层辨析。这样就建立了一个金字塔形状的体系。注意，每一次辨析都是周延的概括，这样建立起来的人的行为动力体系是周延概括的系统，保证了严密的周延性，从而保证了它的科学性。这个科学的体系是用阴阳逻辑建立起来的体系，是层层分明、主次分明、上下关系和相邻关系紧密的科学体系。

这个被西方心理学家放弃的研究课题被中国思维工具突破了，两个西方无法破解的世界难题是这样被解开的：第一，关于人的需要太多太杂难以概括的问题，实际上是需要的有限性与无限性的矛盾。要问人有多少种需要，要问在哪个层次上有多少种需要，这有明确的答案。第一层次上有 2 种，第三层次上有 8 种，第 6 层次上有 64 种，第 10 层次上有 1024 种，第 n 层次上，有 $M=2^n$ 种需要。这就巧妙地将需要的无限性与有限性辨析地统一起来了。第二，关于人的需要随社会变化而变化导致难以概括的问题，实际上是指需要的稳定性与变化性的矛盾。现在用需要的层次性轻松地得到了解决：概括层次越高的需要，其稳定性越高，变化性越低；概括层次越低的需要，其稳定性越低，变化性越高。换句话说，层次越高的需要，稳定性越高，变化性越低；层次越低的需要，稳定性越低，变化性越高。人的需要确实是随社会的变化而变化的，但需要的变化发生在低层次上。前6个层次的需要基本没有什么变化，相当稳定。难倒西方动机心理学家的两大世界难题，就这样被阴阳层析法巧妙地破解了。这是阴阳辨析获得的世界性胜利之一。

第九章 chapter 9

用阴阳辨析匡正美学——建立秀学提纲

自 18 世纪德国哲学家鲍姆加通（A. L. Baumgarten）创立美学以来，历经两百多年的发展，也出现了大批著名的美学家，美学应该比较完善了。但是很遗憾，有关美学自身的一些最根本的问题都未得到解决。主要问题如下：第一，至今无法给“美”下定义；第二，美学上的一些概念很混乱。某些美学家看到了美与丑的关系，但无法将美与丑在逻辑上联系起来，因而提出了“美的美学”“丑的美学”等令人啼笑皆非的不伦不类概念；第三，将美学仅局限于艺术，而将人们最广阔的社会生活置于视界之外。或者少数美学家看到了生活中的美，但理论上无法概括。这三个问题成为一道美学难题，因为西方哲学中没有破解美学难题的思维工具。这是西方哲学先天性缺陷所致。

梳理和拓展后的中国哲学，因为有了阴阳眼光，又有了阴阳辨析思维工具，就能够轻易地破解美学难题。但要用阴阳辨析对美学进行匡正，即对美学进行重建。本书用阴阳上归辨析方法提出了秀学。秀是美与丑的阴阳上归辨析后的概念，其中丑是阴子，美是阳子。美与丑用阴阳逻辑辨析地合为一个整体了。

第一节　秀学概念的提出

用阴阳辨析思维方法扫视西方一些重要概念，你会发现很多问题。例如，美学概念，从阴阳辨析的角度看，是个独身概念，它应该有一个配偶概念，即“丑学”与之相配，结成一对夫妻，才能成为阴阳相配的概念，成为和谐的概念，它的含义才能明确。在本书发表前，“美的美学”“丑的美学”等类似的概念，被堂而皇之地使用。一些声名显赫的美学家、哲学家都这么用，或者说所有的美学家、哲学家都这么用。这种概念上的混乱，以往的学者们无法避免，因为他们没有阴阳辨析的思维方法和工具。西方学者在线形思维下创造了很多重要的独身概念，如自由、民主、人权等，这些独身概念至今困扰着世界政治。使用独身概念就必定会犯片面性错误。只有使用阴阳辨析，即非线性思维，才能提出配偶概念，才能同时顾及配偶之间的关系，才能不犯片面性错误。笔者在研究阴阳辨析时发现了阴阳递归的思维方法：一对配偶概念可以向上递归形成一个新的概念，这个上位新概念就包括下位的一对配偶概念。例如，丈夫与妻子两个配偶概念向上递归，形成了夫妻的概念。夫妻概念中就包括丈夫和妻子。因此，我们可以给“美”找一个配偶，然后再向上递归，提出一个上位新概念。我们都知道，美是从与丑的对比中产生的，没有丑就没有美，当然，没有美也就没有丑，美与丑相比较而存在。所以，单独讲美是不科学的，因而美学这个概念如果也包含审丑，它就是不科学的。为此，将“丑”与“美”结成一对配偶，并将这对夫妻用“羞”来命名。“羞”这个上位新概念就包括美与丑。经过给“美”的概念找对象，结成配偶，然后再向上递归形成上位概念“羞”，“美”的范畴才真正第一次明确了，“丑”的范畴也第一次明确了，丑不再被纳入美学范畴了。以后，像“美的美学”“丑的美学”等不伦不类的概念就不会再出现了。“羞”字是由汉字“羊”字与“丑”字上下重叠而构成。“羊”代表“美”，因为从汉字“美”字的字源学来看，是“大”字与“羊”字上下重叠而构成的，即将吃熟的大羊肉的那种味觉称为“美”。我们将羞字中的“羊”代表“美”并没有发生字源学上的偏差。用羞学概念来匡正以往的美学概念是正本清源。提出羞学是为了更准确地理解美、使用美的概念。当我们提出任何一种美的时候，都必须同时顾及与之相对的配偶概念“丑”。有朋友提出，最好别用“羞”字来概括美与丑。为此，笔者用与“羞”同音的“秀”字来代替“羞”字。秀，有秀丽、秀美之意，有美的意思；但是，“作秀”一词就含有丑的意思了。在英语中，show 是“表演”的意思，这与汉语“作秀”的意思基本一致，show 与“秀”的发音也近似，含义也近似，故取“秀”代替“羞”。

提出秀学概念以后，并不等于今后不能使用美的概念了。从人的欲望的角度说，人是追求美的，而不是追求丑的，因为人的本质是求美。因此，人们提出了心灵美、语言美、行为美、价值美等概念，这些概念都是可以继续使用的。在提出秀以后，当讲行为美的时候，我们同时就必须要讲到行为丑以进行对比，这样才能将行为美与行为丑都领会清楚；在讲心灵美的同时，必须要讲心灵丑。将两种心灵进行对比，以显示心灵美的伟大、心灵丑的渺小；当讲到人的价值美的时候，我们必须立即想到有的人的价值是丑的，是负的价值；当讲到生活美的时候，我们知道，有些人的生活并不是美的，而是丑的，丑的生活是人们极力避免的。

秀学诞生后，初期可能会使美学家、美学评论家们在使用概念时感到别扭、不适应。笔者就感到不适应。例如，今后不应再有“审美”的说法，而应该用审秀来代替之。又如，美学家应改称为秀学家，美学评论家应改称为秀学评论家。

第二节　秀学内涵

秀是悟觉的感动类思维活动，即属于感悟悟觉。秀与秀学是不同的，秀是人的感悟悟觉心智活动，可将这种思维活动简称为秀悟，而秀学是研究秀的科学，即研究人的秀悟心智活动的科学。我们知道，感悟悟觉包括体验悟觉与领悟悟觉，是对自身状态、活动或外界事物的体验和评价，它包括对生活活动、情感活动、艺术、幸福等的领悟、体验和评论等，其范畴远远超过以往的美学范畴。由于秀悟属于悟觉，因而具有悟觉的玄量性。秀的玄量性表现在体验和评价受环境和自身瞬时心境的影响，即受时空（主）状态的影响。秀悟还具有两极性，秀的两极性表现在体验和评价的结果要么是喜好，要么是厌恶的两种情绪之一。

将积极的情绪体验或评价称为秀美，将消极的情绪体验或评价称为秀丑；将能产生秀美的事物称为美的事物，将能产生秀丑的事物称为丑的事物。

社会大众对某人的秀悟对象也会进行审秀，社会大众审秀的大概率结果与个人秀悟的结果存在两种差异，即秀悟性质差异和秀悟程度差异。所谓社会大众审秀的大概率结果是指大多数人的比较一致的看法，将这种结果简称为大概率秀评。秀悟性质差异是指审秀的两极性，即秀悟的结果是美的或丑的。秀悟程度差异是指在秀悟性质一定的情况下，对秀悟对象的审秀程度的差异，即对审秀对象的体验、领悟的广度和深度的差异。秀悟差异显然是由秀的玄量性产生的。秀悟差异大致有两大类原因产生：时评审秀差异和理论审秀差异。时评审秀差异指社会潮流对某类事物的美丑评价（大概率秀评）与个人对该类事物的审秀评价的差异。理论审秀差异指既往理论对某类事物的美丑评价与个人对该类事物的审秀评价的差异。

第三节　秀学外延

秀悟对象包括向内和向外两个方向的事物，以向内和向外为尺度，将秀悟对象辨析为悟己秀和悟客秀，向内对个人自身状态和活动的秀悟称为悟己秀或生存秀，向外对外界事物的秀悟称为悟客秀。悟客秀就是对外界事物的欣赏、体验、领悟和评价。悟客秀是以往美学研究最多的领域，尤其是对艺术的研究最为充分。以往的美学家、哲学家对生存秀的内容有一些涉及，但极其肤浅。例如，车尔尼雪夫斯基提出过“美是生活”的概念，还有西方学者提出过“诗性生活”的说法。虽然他们都提出了初浅的概念或说法，但并没有进行系统的研究。而将人的生存纳入审秀范畴，中西方美学理论著作没有什么涉及，反倒是丑学著作涉及较多一些，例如西方第一本丑学著作——罗森克兰茨的《丑的美学》就论述了生存方面的一些丑的表现。表现生存秀的著作主要是文学作品，但那是艺术而不是科学。

将人的生存纳入审秀范畴并不是什么新的发现，而是人的悟觉心智原性在体现人的本质特征时必然要进行的思维活动，只不过以前没有从理论上进行概括而已，而实际上每个成年人在清醒的每时每刻都在进行生存审秀。

由于人的本质是求美，而本质的力量会在人的所有思想和行为中自然地表现出来。也就是说，一方面，人们希望自身所有的活动和状态都能符合自己对美的体验和理解；另一方面，人们希望自己看到的外界事物也能符合自己对美的体验和理解。前一方面是生存美，后一方面是悟客美。人们对悟客美的追求是人类社会向美的方向发展的强大内在动力。可是美总是与丑相比较而存在的，自己认为美的，别人不一定也认为美，甚至大概率秀评是丑的。这就是秀的来源。生存美总是与生存丑紧密联系在一起的，这就构成了生存秀；客体美也总是与客体丑紧密联系在一起的，这就构成了悟客秀。生存秀是向内的，是自身的反思和体验，是秀的阴配子；悟客秀是向外的，是对客体的体验和评价，是秀的阳配子。为此，可以将秀悟分为生存秀和悟客秀两个大类来讨论。

一、生存秀

将人对自身生存状态和行为活动的秀悟称为生存秀。生存秀体现在生存美和生存丑两个方面。人们是怎样进行生存秀悟，即进行体验、领悟、评价的呢？或者说，在什么样的情况下，人们体验到生存美？在什么样的情况下，人们体验到生存丑呢？不同的生存秀有不同的秀悟机制。要研究不同的生存秀的秀悟机制，首先要对生存秀进行分类。

人的生存涉及的方面太多，随着社会的发展，人的生存范围一直在不断扩大，对生存秀进行分类是相当困难的，笔者在这里做了一些尝试。

第九章建立了关于人的行为动力总机制，这个系统囊括了人的所有明需要。这个体系也可以称为人的明需要总表。生存秀的内容也只能按照这个体系来分类。因此，作者将生存秀分为活在秀和人生价值秀两大类。

在总表的第二层次有四种需要，即存己需要、续己需要、美生需要和美展需要。存己和续己分别体现人的个体活在性和物种活在性的需要。美生需要和美展需要是生存美的主要体现方面。按照明需要总表，首先将生存秀分为活在秀和价值秀，再将活在秀分为存己秀和续己秀，将价值秀分为自反价值秀（内向价值秀）和社会价值秀（外向价值秀）。

这里特别要说明的是：活在性本不属于秀的范畴，但是，人的悟觉会对人的一切活动进行体验和领悟；人的求美本质会体现在人的一切活动中，人的活在性的一切活动都被社会化、美生化了，这是人的活在性与动物的活在性的差别。

（一）活在秀

人的活在性需要由存己需要和续己需要构成。存己需要是个人存在的需要，即个人活在性需要，续己需要对动物来说是物种存在需要，对人来说，既有人的物种延续的需要，也有家族延续存在的需要，还有个人的生命核和心理核延续的需要。

1. 存己秀

存己需要就是个人活着的需要，能满足这个需要就是存己美，否则就是丑，即死亡是丑的。人的生命存在与死亡构成了人的存己秀。在现实中，人们普遍体验到活着总比死亡好，而当人知道自己不久就要离开人世时，心情是极其痛苦的（存己丑）。将死亡体验为快乐的人几乎是没有的，即使有，那也是极个别的。

存己需要由食物需要和健康需要构成。食物需要又由营食需要和信食（信息）需要，即由阴食需要和阳食需要构成。营养食物是生物的第一需要，当然也是人的第一需要。能满足营养食物需要就是阴食需要美，否则就是阴食需要丑。

为了满足阴食需要，必须有各种资源。因此，节约为美，浪费为丑。浪费是很多人的陋习、丑习。有些有钱人浪费严重，甚至故意挥霍，不以为耻，反以为荣，真是丑上加丑。开源为美，毁源为丑；增加食物的有益营养成分为美，添加食物的有害成分，即污染食物为丑。可惜，一些不法商家在干着污染食物的丑恶勾当。

阳食需要就是信息的需要，是中枢神经系统的信息输入/输出需要。中枢神经系统是专门进行信息收集、加工、输出、储存的系统。能满足这些信息需要的就是信息需要美，即阳食需要美，不能满足这个需要，或干扰、破坏、歪曲信息需要的，就是丑，就是信息输入丑或信息输出丑。信息需要美和信息需要丑的事件在媒体上、法庭上、会议上、每个人的周围，甚至在书本上都大量地发生着，例子不胜枚举。

在健康需要方面，当然健康为美，不健康为丑，人身安全为美，人身不安全为丑。维护人身安全为美，不维护人身安全，甚至威胁、伤害人身安全为丑。赞誉别人美德为美，丑化别人声誉为丑。无论在身体健康方面，还是在精神健康方面，美和丑的事情都极其大量地发生着。

2. 续己秀

续己需要由生养子女需要和寄托子女需要构成，能满足这两个需要的就是续己美，否则就是续己丑。人类的繁衍是人类存在的必要条件，是人类社会的最高利益。一切违背最高利益的行为都是人类中最丑恶的行为，是最大的罪行。关爱儿童为美，伤害儿童为丑。侵略战争大量伤害儿童为人类社会中最丑恶的行为，其发动者不论凭借其话语权优势如何美化侵略战争，都不能改变他们最丑恶灵魂的性质。

有子女为美，无子女为丑；既生育子女又抚养子女为美，只生子女却不养子女为丑；教育子女成功为美，教育子女失败为丑。

（二）人生价值秀

人的本质是求美，这个美主要是通过生存价值体现出来的。人的美在性需要就是人生价值美的需要，是人生价值美的追求。根据笔者提出的世俗价值理论，人生价值分为个人的内向（自反）价值和个人的外向（社会）价值。个人内向价值的受体是自己及其最小生存要域（家庭），个人外向价值的受体是社会大众、最大生存要域（国家）和生存要域全域（全人类）。因此，人生价值秀就分为个人的内向价值秀和外向价值秀。

1. 个人的内向价值秀

个人的内向价值体现在人的生活和人的尊严两方面。因此，将内向价值秀分为生活秀和尊严秀。对于内向价值而言，这两个方面都同等重要。既生活幸福又活得有尊严才是内向价值美，才是对得起自己及自己的家庭。只有生活幸福而没有尊严，或只有尊严而生活在贫困线以下，都不是内向价值美，而是内向价值丑。

（1）生活秀

生活包括物质生活和感情生活两个方面，幸福的基础就体现在这两个方面。物质生活富裕，感情需要又得到了满足，那就是生活美。只有物质生活好而没有感情上的满足，或只有感情上的满足而生活困苦，恐怕都不能算生活美。

a. 物质生活秀

物质生活是生活最核心的内容。什么样的物质生活才算美呢？富裕的生活才算美。什么才是富裕生活呢？是从外表来看呢，还是从存款来看呢？存款你看不到，只能从外表来看，从吃、穿、住、行、玩等方面来看。其实，从吃、穿、行、玩等外在表现是看不出富裕程度的。人们对物质生活的追求更多地还是在与生活半径内高消费家庭的对比中把握的。这就涉及人的一个极重要的特性，即人的比性。人是实体比择性与感悟比进性的比性阴阳合一体。所谓实体比择性是指，人们将同类实体以某种模板为基准进行比较，然后进行选择的特性。所谓感悟比进性是指，人们将自己与自己感悟到的领先对象（模板）进行比较，然后提出自己上进目标的特性。人的状态本性指出："人是不满足的、得寸进尺的、贪婪的、永远向上的，将这种得寸进尺的特性简称为比进性。""比"是比较的意思，有两种"比"：他比——和别人比，自比——和自己以前比；"进"是进一步的意思。比进性是指通过自比或他比产生更高生存状态目标的特性。人最爱进行的心智操作，就是将有关事物联系在一起进行比较、分析，在比较和分析的基础上产生某种或某些瞬时感悟或长时感悟，在感悟的基础上选择下步行动的目标，并在确定目标的基础上制订行动计划。根据人的自洽—不自洽的状态本性，在进行他比或自比后提出的下步行动目标必定要比自己目前状态有进一步的改善或提高，这样的目标称其为不自洽目标，因为它体现了人的不自洽的本性。不自洽目标也可以称为比进目标。其实，人们心目中不自洽的目标就是生存美的目标。它是经过自比或他比后提出的，所以说它是比进性的体现。在生活秀方面，人们普遍将比进的视为美的，将比退的视为丑的。人们总是将比目前生存状态有所改善的生存状态视为好的，如果有退步，就感到沮丧。前面已经指出过，人们的比进对象通常在自己的生活半径内，而比的内容通常是消费水平。

秀是感悟，无论如何比，最终目的都是产生美的感悟。物质生活仅是感悟的对象，并不是感悟本身。富裕的物质生活仅仅是进行幸福感悟的对象和条件，并不是感悟结果。生活富裕使感悟到幸福的可能性增大，但不能保证一定会感悟到幸福。生活不算很富裕，有些人也能感悟到幸福，因为他们会感悟，会理解生活，会理解历史。

物质生活的内容很多，因此生活美或生活丑在每个人每天的生活中都频繁地进行着感悟。

b. 感情秀

在明需要的感情满足需要的［1001］节中，对要域情和交往情作过详细的分析。总的来说，某种感情能得到满足，就会产生对该种感情的美的体验，其中最重要的是家庭感情体验。家庭感情和谐，就会产生亲情美的幸福体验；家庭感情不和谐，矛盾剧烈，就会产生沮丧的体验，这就是亲情丑的体验。对国家的感情体验比较复杂一些。从整体上说，不爱国的人很少，这从当国家受到威胁、侵略时，人们义愤填膺的举动中就可知道。但是，在没有外界压力时，占国家便宜的事还是时有发生的。爱国行为会产生爱国感情美的体验，卖国会产生国家感情丑的体验。交往感情每天都有发生，朋友热情诚心相待会产生友情美的体验；受到他人的伤害，会产生懊恼气愤的情绪，这是感情丑的体验。

（2）尊严秀

尊严对人来说是极其重要的，人就要活得像个人样。因此人们在尊严上是极其敏感的，每个人都渴望得到尊严美，坚决拒绝尊严丑。人有各种尊严，每一种都很重要。人们每天不仅为里子尊严忙碌着，以获得里子尊严美，避免里子尊严丑，而且为面子尊严忙碌着，以获得面子尊严美，避免面子尊严丑。如果将两种尊严秀展开来讨论，有大量的内容可供阐述。

2. 个人的社会（外向）价值秀

自反（内向）价值只是为了自己及家庭的生活幸福和社会尊重，这当然是人的生命意义的一部分，但仅仅是一部分而已，绝不是人的生命意义的全部。人绝不仅仅为自己及家庭而活着，还要为社会大众、为国家、为全人类的进步而贡献自己的价值。这个价值就是人的社会价值，即外向价值。从人的求美本质来说，每个人都不仅希望自己的生存是美的，也希望自己的最大生存要域（国家）社会是美的，也希望全人类是美的。本质的力量会在各个方面表现出来。因此，人有向社会贡献价值的欲望，有获得社会价值美的内在动力。人类社会一直向美的方向进步着，如果人类个体没有希望社会进步的内在动力是解释不通的。这个内在动力就是人的求美本质。

人怎样才能向社会贡献自己的价值呢？其中最主要的有两个方面：一是贡献自己的才能等优势，二是以自己的良好品德服务于社会。这两个方面是相辅相成的。品德决定了服务的方向和服务的对象，优势才能决定了贡献的大小。

社会价值秀以展示性为形式体现出来。无论才能优势或品德，只有展示出来，才能实现其价值。笔者认为，人是展示性与隐蔽性辨析构成的样态阴阳合一体，掩饰性是阴配子，展示性是阳配子。每个人都有强烈的展示特性，人们不管自已有多大本事、多少优势，总是千方百计地要展示出来。能展示出来就体验到美，不能展示出来就郁闷，就是丑。

（1）优势展示秀

人的优势很多，有优势体能、优势技能、优势才干、优势力量、优势智慧、优势财富、优势地位、优势经验、优势美貌等。在里子尊严中讲过，里子包括身份和力量，身份的阳配子指社会地位，而力量包括财富和势力。里子实力由何而来呢？即社会地位、财富、势力等由何而来呢？除了地位世袭、财富遗赠外，只有靠才能的展示才可以获得。剔除了世袭和遗赠，只有靠展示才能具有优势，才可以获得里子实力。具有里子实力才能获得里子尊严。因此，才能优势是基础性优势、生发性优势，而地位优势、财富优势是在才能优势基础上生发出来的继发性优势。不论基础性优势还是继发性优势，人们都强烈地希望展示出来。能展示出来就体验到美，这叫优势已展美；不能展示出来就感到遗憾，这叫优势未展丑。在某方面，你有优势为美，没有优势为丑；优势强为美，优势弱为丑。

优势能否展示，决定于能台（展示才能的平台）和能志两个充要条件。所以有能台进占美与能台未占丑之分，能台晋级美与能台未晋丑之分；又有胸有大志美与胸无大志丑（或有志美与无志丑）之分，意志坚强美与意志懦弱丑之分。

个性也会体现出美或丑，既有个性美，也有个性丑之分，这是人们生活中的常识。无论刚性个性或弹性个性，也无论感悟个性或信念个性，几乎每一个方面都有美丑的表现。个性秀展示方面有极其丰富的内容。

（2）品德展示秀

人的品德的美丑是人的生存秀最核心的要素之一。人的灵魂美丑就是由其品德秀决定的。品德的核心问题是善/恶问题。我们将善/恶向上递归为德性，将德性下分为道德和悖德，即善为道德核心，恶为悖德核心。在《人的行为动力总机制》的［111］章品德展示欲中，对人的品德进行了两个层次的辨析，第一层次用利己/利他维度，第二层次用善/恶维度，对品德进行了详细分析。在那些辨析中我们看到，利己不一定都是丑的，利他也不一定都是美的，但恶的一定是丑的，善的一定是美的。品德秀是生存秀的极重要成分。品德美丑在每个人每天的生活中都表现出来，只是体验、评价程度不同而已。前文说过，善是不分等级的，而恶一定要分等级。轻微的恶、中等的恶、严重的恶，这三个大的等级中又可以分出若干小的等级。另外，我们是动机、手段、效果三者统一论者。

品德秀毕竟是悟觉的思维，具有玄量性。品德秀的体验、评价的玄量性表现在秀感、秀评受时空条件变异的影响较大，其中受时间的影响更大一些。因为善恶的评价标准受时代变迁的影响，这个时代认为恶的，换了一个时代可能认为善了；这个时代认为善的，换了时代又可能认为恶了，或者认为无所谓善恶。这种善恶评价的变异既与统治阶级的阶级性有极大关系，也与社会进步程度不同有关。善恶评价也受地理空间不同的影响，这个地区、国家认为善的，到了那个地区、国家可能不认为是善的，也许认为是恶的，反过来也一样。

二、悟客秀

悟客秀是人对外界事物作用于人后在悟觉方面所产生的体验或评价，这些体验、评价或者是产生了愉快的感觉、美的感觉，或者是产生了不愉快的感觉、丑的感觉。悟客秀大致包括环境秀与形式秀。环境秀是人对自己所生活、工作的环境的审秀，人们当然希望环境美，而不希望环境丑。

（一）环境秀

人对环境的美丑感总是从人与环境对象的互动关系上产生的。环境对象分为两大类，一是人，二是物，即人与人之间的关系、人与物之间的关系。在人与人之间发生互动时，总会在情感上产生某种体验和评价，这种体验和评价就是人际秀。人与物发生互动关系时，也会产生某种体验和评价，这种体验和评价称为人物际秀。

1. 人际秀

人际秀是人与人在交往活动中所产生的情绪的反映，属于人际情感方面的感悟。在《和美人学》有关章节中有比较详细的分析。亲密为美，仇视为丑；融洽为美，隔阂为丑；相助为美，冷漠为丑；理解别人为美，不理解别人为丑；气度大为美，气量小为丑；赞美别人为美，丑化别人为丑；等等。人际秀内容与品德秀有些重叠，但两者还是不同的。人际秀偏重人际个性差异产生的美丑感，品德秀偏重人在利益和重大情感方面的品德表现。

2. 人物际秀

环境大致可分为大环境和小环境，大环境包括地理环境和城乡环境，小环境包括工作环境和居住环境等。地理环境指大气、河流、湖泊、海洋等水气环境，以及山脉、高原、丘陵、平原等陆地环境。城乡环境主要包括布局、交通、绿化、建筑等。作息环境秀包括对工作环境和居住环境等小的环境的审秀。环境秀的审秀对象遍及人类生活的所有环境，有数不清的对象可供阐述。

（二）形式秀

形式秀包括艺术秀和科学秀。但笔者认为，艺术形式虽然多样化，但其共同的特点是奇常关系，即新奇与正常的关系，而科学的共同的特征从形式上说是简单与复杂的关系。因此，可将形式秀分为奇常秀和简复秀。

1. 奇常秀

奇常秀是指人在对客体的外观、形式、结构、质地、性质等的对比中，其某一特殊点引起人产生的美感或丑感，这叫比殊秀。客体对比中的特殊点所引起的美感是比殊美，引起的丑感叫比殊丑。我们的感官——眼、耳、鼻、舌、皮肤等所能感受到的美或丑都是比殊美或比殊丑。比殊美的特点是新、奇；相反，比殊丑的特点是不符合新奇的要求，而是极平常的形式、旧的形式、经常重复的形式。奇常秀的主要领域是艺术。艺术最讲究新、奇。人们在欣赏艺术时也是用新奇的尺度来审秀的。凡是新、奇的，就感到美；凡不是新、奇的，就感到丑。以往的艺术理论对此作过充分的论述，本书不再阐述。

形式秀不仅表现在艺术方面，在实用方面也有广泛的应用。例如，人的服装、装饰，城市、居住小区的平面和立体的设计，使用物件的形状和色彩的设计，建筑物的外形、色彩的设计等，都在讲究实用性的基础上还要讲究形式美，而极力避免形式丑。但是，形式丑还是会经常出现的。例如，有些城市的建筑只是“火柴盒”的堆积，毫无特色；许多日常用品的外形或色彩没有美感，等等。

2. 简复秀

简复秀，即对简单与复杂关系的秀悟。既然是秀，就包括简复美和简复丑。

简复美是在洞察到事物的复杂性和简单性的关系后所产生的美感，即秀美。只看到简单性或只看到复杂性是不能产生美感的，那叫简复丑；只有看到简单性和复杂性的关系后，才能产生美感。大自然是复杂的，社会是复杂的，人也是复杂的。当自然科学家、社会科学家、心理学家、哲学家、思想家看到复杂的事物是由简单法则所控制和演绎时，那些简单性极大地震撼着科学家、思想家以及崇拜科学的人，并给他们带来极大的美的享受。物质世界那么复杂，科学家发现，它不过是一百来个元素组合而成，各个元素的发现和元素周期表的设计都给当时的人们带来欢呼；牛顿的 $F=ma$，爱因斯坦的 $E=mc^2$，一系列科学发现所概括的公式，无不使人看到这些简单法则在控制并演绎着复杂的世界，这些公式的提出都给人们以震撼和美的享受。自然物的形状多姿多态、千变万化，从千姿百态的树叶到美丽的海洋生物，从翻卷的浪花到变化万端的云朵等，这些不胜枚举的形状竟被曼德尔布罗特（Mandelbrot）用中学生都懂的简单的映射 $Z| \rightarrow Z^2-C$ 及简单的迭代法所概括。曼氏论文的发表震撼了整个科学界。原来，自然物的极其复杂的形状是由简单映射和简单迭代法所概括的。分子的发现及分子组合规律的发现、细胞的发现、DNA 及其组合规律的发现等，都使人看到了自然设计的简单性原理。爱因斯坦及其弟子们始终怀着对美的法则——对称性的坚定不移的信念去探索大统一理论。西方的物理学家们相信，上帝在设计世界时用的是简单法则。人们被复杂性中的简单性所感动，被自然界的美的法则——简单性控制并演绎复杂性的法则所感动，从中得到了极大的美的享受。这就是简复美。

在社会科学领域，学者们也在探索简复美。马克思从简单的商品中看清了整个资本主义，这也是简复美。历史唯物主义理论企图寻找人类社会的发展规律，假如这个规律存在，它肯定也是简单的。这种追求也是对简复美的追求。心理学相对于自然科学和社会科学是一门比较年轻的科学，在简复美的探索方面成果很少。笔者提出关于人的本质是求美、人的本性是自恰和不自恰的阴阳合一体的观点，都是在人学方面追求简复美的尝试。因为在我的直觉中，人也是由简单法则所控制和演绎的。这个简单法则就是人的统一性，即人的本质和本性的统一性。人的纷繁各异的个性、稀奇古怪的思想、令人眼花缭乱的行为，都是人的统一性的演绎。

简复美似乎是新的概念，其实它和以往美学家提出的科学美基本相似。对简复美的追求就是对科学的追求。在复杂中看到简单，在简单中看到复杂，这才是简复美产生的条件。相反，在复杂中看不出简单，在简单中看不出复杂，都是简复丑。

如果将秀学看作一座雄伟的大厦，那么以往的美学仅仅是几个小房间。秀学将人们的所有生活纳入其中，在生活的每一个方面，皆能看到美与丑的交织，何其壮观！

参考书目

[1] 老子. 道德经 [M]. 陈国庆，张爱东，注译. 西安：三秦出版社，2010.

[2] 白话易经 [M]. 南怀瑾，徐芹庭，译注. 长沙：岳麓出版社，1988.

[3] 李世东，等. 老子文化与现代文明 [M]. 北京：中国社会出版社，2008.

[4] 毛泽东选集 [M]. 北京：人民出版社，1966.

[5] 冯友兰. 中国哲学史 [M]. 北京：商务印书馆，2011.

[6] 刘大钧. 周易概论 [M]. 成都：四川出版集团，2008.

[7] [英] 伯特兰·罗素. 西方的智慧 [M]. 亚北，译. 北京：中央编译出版社，2008.

[8] [比] 伊·普里戈金，[法] 伊·斯唐热. 从混沌到有序 [M]. 曾庆宏，沈小峰，译. 上海：上海译文出版社，1987.

[9] [德] 黑格尔. 哲学史讲演录 [M]. 贺麟，王太庆，等译. 上海：上海人民出版社，2013.

[10] 中国科学院哲学所，北京大学哲学系. 中国哲学史资料简编 [M]. 北京：中华书局，1963.

[11] [美] 罗伯特·坦普尔. 中国：发明与发现的国度 [M]. 陈养正，等译. 南昌：21世纪出版社，1995.

[12] 甘开万. 易之启示 [M]. 武汉：武汉出版社，2008.

[13] 任继愈. 中国哲学史简编 [M]. 北京：人民出版社，1973.

[14] 艾思奇. 辩证唯物主义 历史唯物主义 [M]. 北京：人民出版社，1961.

[15] 刘远东. 太极密码 [M]. 北京：团结出版社，2008.

[16] [美] 托马斯·库恩. 科学革命的结构 [M]. 金吾伦，胡新和，译. 北

京：北京大学出版社，2012.
[17]［俄］列宁. 哲学笔记［M］. 北京：人民出版社，1956.
[18] 赵敦华. 现代西方哲学新编［M］. 北京：北京大学出版社，2001.
[19] 任继愈. 老子绎读［M］. 北京：北京图书馆出版社，2006.
[20] 卢侃，孙建华. 混沌学传奇［M］. 上海：上海翻译出版公司，1991.
[21] 谭璐，姜璐. 系统科学导论［M］. 北京：北京师范大学出版集团，2009.
[22] 杨金水. 基因组学［M］. 2版. 北京：高等教育出版社，2002.
[23] 王文清. 生命的化学进化［M］. 北京：原子能出版社，1994.
[24] 俞允强. 物理宇宙学讲义［M］. 北京：北京大学出版社，2002.
[25] 沈小峰. 混沌初开［M］. 北京：北京师范大学出版社，2008.
[26] 朱家生. 数学史［M］. 北京：高等教育出版社，2018.
[27]［宋］邵雍. 邵雍集［M］. 郭彧，整理. 北京：中华书局，2010.
[28]［宋］张载. 张载集［M］. 北京：中华书局，1978.